# A Revolução Chinesa

REVOLUÇÕES
DO SÉCULO 20

FUNDAÇÃO EDITORA DA UNESP

*Presidente do Conselho Curador*
Mário Sérgio Vasconcelos

*Diretor-Presidente*
Jézio Hernani Bomfim Gutierre

*Superintendente Administrativo e Financeiro*
William de Souza Agostinho

*Conselho Editorial Acadêmico*
Danilo Rothberg
Luis Fernando Ayerbe
Marcelo Takeshi Yamashita
Maria Cristina Pereira Lima
Milton Terumitsu Sogabe
Newton La Scala Júnior
Pedro Angelo Pagni
Renata Junqueira de Souza
Sandra Aparecida Ferreira
Valéria dos Santos Guimarães

*Editores-Adjuntos*
Anderson Nobara
Leandro Rodrigues

Wladimir Pomar

# A Revolução Chinesa

Coleção Revoluções do Século XX
Direção de Emília Viotti da Costa

© 2003 Editora Unesp

Direitos de publicação reservados à:
Fundação Editora da Unesp (FEU)
Praça da Sé, 108
01001-900 – São Paulo – SP
Tel.: (0xx11) 3242-7171
Fax: (0xx11) 3242-7172
www.editoraunesp.com.br
www.livrariaunesp.com.br
atendimento.editora@unesp.br

Dados Internacionais de Catalogação na Publicação (CIP)
(Câmara Brasileira do Livro, SP, Brasil)

Pomar, Wladimir
A Revolução Chinesa / Wladimir Pomar. – São Paulo: Editora Unesp, 2003. – (Coleção Revoluções do século XX / direção de Emília Viotti da Costa)

Bibliografia.
ISBN 85-7139-481-4

1. Revoluções – China  2. China – História  I. Costa, Emília Viotti da.  II. Título.  III. Série

03-5930 CDD-321.0940951

Índices para catálogo sistemático:
1. China: Revoluções: Ciência política   321.0940951
2. Revoluções: China: Ciência política   321.0940951

Editora afiliada:

Asociación de Editoriales Universitarias
de América Latina y el Caribe

Associação Brasileira de
Editoras Universitárias

## Apresentação da coleção

O século XIX foi o século das revoluções liberais; o XX, o das revoluções socialistas. Que nos reservará o século XXI? Há quem diga que a era das revoluções está encerrada, que o mito da Revolução que governou a vida dos homens desde o século XVIII já não serve como guia no presente. Até mesmo entre pessoas de esquerda, que têm sido através do tempo os defensores das ideias revolucionárias, ouve-se dizer que os movimentos sociais vieram substituir as revoluções. Diante do monopólio da violência pelos governos e do custo crescente dos armamentos bélicos, parece a muitos ser quase impossível repetir os feitos da era das barricadas.

Por toda parte, no entanto, de Seattle a Porto Alegre ou Mumbai, há sinais de que hoje, como no passado, há jovens que não estão dispostos a aceitar o mundo tal como se configura em nossos dias. Mas quaisquer que sejam as formas de lutas escolhidas é preciso conhecer as experiências revolucionárias do passado. Como se tem dito e repetido, quem não aprende dos erros do passado está fadado a repeti-los. Existe, contudo, entre as gerações mais jovens, uma profunda ignorância desses acontecimentos tão fundamentais para a compreensão do passado e a construção do futuro. Foi com essa ideia em mente que a Editora Unesp decidiu publicar esta coleção. Esperamos que os livros venham a servir de leitura complementar aos estudantes da escola média, universitários e ao público em geral.

Os autores foram recrutados entre historiadores, cientistas sociais e jornalistas, norte-americanos e brasileiros, de posições políticas diversas, cobrindo um espectro que vai do centro até a esquerda. Essa variedade de posições foi conscientemente buscada. O que perdemos, talvez, em consistência, esperamos ganhar na diversidade de interpretações que convidam à reflexão e ao diálogo.

Para entender as revoluções no século XX, é preciso colocá-las no contexto dos movimentos revolucionários que se desencadearam a partir da segunda metade do século XVIII, resultando na destruição final do Antigo Sistema Colonial e do Antigo Regime. Apesar das profundas diferenças, as revoluções posteriores procuraram levar a cabo um projeto de democracia que se perdeu nas abstrações e contradições da Revolução de 1789, e que se tornou o centro das lutas do povo a partir de então. De fato, o século XIX assistiu a uma sucessão de revoluções inspiradas na luta pela independência das colônias inglesas na América e na Revolução Francesa.

Em 4 de julho de 1776, as treze colônias que vieram inicialmente a constituir os Estados Unidos da América declaravam sua independência e justificavam a ruptura do Pacto Colonial. Em palavras candentes e profundamente subversivas para a época, afirmavam a igualdade dos homens e apregoavam como seus direitos inalienáveis: o direito à vida, à liberdade e à busca da felicidade. Afirmavam que o poder dos governantes, aos quais cabia a defesa daqueles direitos, derivava dos governados. Portanto, cabia a estes derrubar o governante quando ele deixasse de cumprir sua função de defensor dos direitos e resvalasse para o despotismo.

Esses conceitos revolucionários que ecoavam o Iluminismo foram retomados com maior vigor e amplitude treze anos mais tarde, em 1789, na França. Se a Declaração de Independência das colônias americanas ameaçava o sistema colonial, a Revolução Francesa viria pôr em questão todo o Antigo Regime, a ordem social que o amparava, os privilégios da aristocracia, o sistema de monopólios, o absolutismo real, o poder divino dos reis.

Não por acaso, a Declaração dos Direitos do Homem e do Cidadão, aprovada pela Assembleia Nacional da França, foi redigida pelo marquês de La Fayette, francês que participara das lutas pela independência das colônias americanas. Este contara com a colaboração de Thomas Jefferson, que se encontrava na

França, na ocasião como enviado do governo americano. A Declaração afirmava a igualdade dos homens perante a lei. Definia como seus direitos inalienáveis a liberdade, a propriedade, a segurança e a resistência à opressão, sendo a preservação desses direitos o objetivo de toda associação política. Estabelecia que ninguém poderia ser privado de sua propriedade, exceto em casos de evidente necessidade pública legalmente comprovada, e desde que fosse prévia e justamente indenizado. Afirmava ainda a soberania da nação e a supremacia da lei. Esta era definida como expressão da vontade geral e deveria ser igual para todos. Garantia a liberdade de expressão, de ideias e de religião, ficando o indivíduo responsável pelos abusos dessa liberdade, de acordo com a lei. Estabelecia um imposto aplicável a todos, proporcionalmente aos meios de cada um. Conferia aos cidadãos o direito de, pessoalmente ou por intermédio de seus representantes, participar na elaboração dos orçamentos, ficando os agentes públicos obrigados a prestar contas de sua administração. Afirmava ainda a separação dos poderes.

Essas declarações, que definem bem a extensão e os limites do pensamento liberal, reverberaram em várias partes da Europa e da América, derrubando regimes monárquicos absolutistas, implantando sistemas liberal-democráticos de vários matizes, estabelecendo a igualdade de todos perante a lei, adotando a divisão dos poderes (legislativo, executivo e judiciário), forjando nacionalidades e contribuindo para a emancipação dos escravos e a independência das colônias latino-americanas.

O desenvolvimento da indústria e do comércio, a revolução nos meios de transportes, os progressos tecnológicos, o processo de urbanização, a formação de uma nova classe social – o proletariado – e a expansão imperialista dos países europeus na África e na Ásia geravam deslocamentos, conflitos sociais e guerras em várias partes do mundo. Por toda a parte os grupos excluídos defrontavam-se com novas oligarquias que não atendiam às suas necessidades e não respondiam aos seus anseios. Estes extravasavam em lutas visando tornar mais efetiva a promessa democrática que a acumulação de riquezas e poder nas mãos de alguns, em detrimento da grande maioria, demonstrara ser cada vez mais fictícia.

A igualdade jurídica não encontrava correspondência na prática; a liberdade sem a igualdade transformava-se em mito; os governos representativos representavam apenas uma minoria, pois a grande maioria do povo não tinha representação de fato. Um após outro, os ideais presentes na Declaração dos Direitos do Homem foram revelando seu caráter ilusório. A resposta não se fez tardar.

Ideias socialistas, anarquistas, sindicalistas, comunistas, ou simplesmente reformistas apareceram como críticas ao mundo criado pelo capitalismo e pela liberal-democracia. As primeiras denúncias ao novo sistema surgiram contemporaneamente à Revolução Francesa. Nessa época, as críticas ficaram restritas a uns poucos revolucionários mais radicais, como Gracchus Babeuf. No decorrer da primeira metade do século XIX, condenações da ordem social e política criada a partir da Restauração dos Bourbon na França fizeram-se ouvir nas obras dos chamados socialistas utópicos como Charles Fourier (1772-1837), o conde de Saint-Simon (1760-1825), Pierre Joseph Proudhon (1809-1865), o abade Lamennais (1782-1854), Étienne Cabet (1788-1856), Louis Blanc (1812-1882), entre outros. Na Inglaterra, Karl Marx (1818-1883) e seu companheiro Friedrich Engels (1820-1895) lançavam-se na crítica sistemática ao capitalismo e à democracia burguesa, e viam na luta de classes o motor da história e, no proletariado, a força capaz de promover a revolução social. Em 1848, vinha à luz o *Manifesto comunista*, conclamando os proletários do mundo a se unirem.

Em 1864, criava-se a Primeira Internacional dos Trabalhadores. Três anos mais tarde, Marx publicava o primeiro volume de *O capital*. Enquanto isso, sindicalistas, reformistas e cooperativistas de toda espécie, como Robert Owen, tentavam humanizar o capitalismo. Na França, o contingente de radicais aumentara bastante, e propostas radicais começaram a mobilizar um maior número de pessoas entre as populações urbanas. Os socialistas, derrotados em 1848, vieram a assumir a liderança por um breve período na Comuna de Paris, em 1871, quando foram novamente vencidos. Apesar de suas derrotas e múltiplas divergências entre os militantes, o socialismo foi ganhando adeptos em várias partes do mundo. Em 1873, dissolvia-se a Primeira Internacional. Marx veio a falecer dez anos mais tarde, mas sua obra continuou a exercer poderosa influência. O segundo volume de *O capital* saiu em 1885, dois anos após sua morte, e o terceiro, em 1894. Uma nova Internacional foi fundada em 1889. O movimento em favor de uma mudança radical ganhava um número cada vez maior de participantes, em várias partes do mundo, culminando na Revolução Russa de 1917, que deu início a uma nova era.

No início do século XX, o ciclo das revoluções liberais parecia definitivamente encerrado. O processo revolucionário, agora sob inspiração de socialistas e comunistas, transcendia as fronteiras da Europa e da América para assumir caráter mais universal. Na África, na Ásia, na Europa e na América, o caminho seguido pela União Soviética alarmou alguns e serviu de inspiração a outros, provocando debates e confrontos internos e externos que marcaram a história do século XX, envolvendo a todos. A Revolução Chinesa, em 1949, e a Cubana, dez anos mais tarde, ampliaram o bloco socialista e forneceram novos modelos para revolucionários em várias partes do mundo.

Desde então, milhares de pessoas pereceram nos conflitos entre o mundo capitalista e o mundo socialista. Em ambos os lados, a historiografia foi profundamente afetada pelas paixões políticas suscitadas pela guerra fria e deturpada pela propaganda. Agora, com o fim da guerra fria, o desaparecimento da União Soviética e a participação da China em instituições até recentemente controladas pelos países capitalistas, talvez seja possível dar início a uma reavaliação mais serena desses acontecimentos.

Esperamos que a leitura dos livros desta coleção seja, para os leitores, o primeiro passo numa longa caminhada em busca de um futuro, em que liberdade e igualdade sejam compatíveis e a democracia seja a sua expressão.

*Emília Viotti da Costa*

# Sumário

Introdução  *15*

1. As sementes revolucionárias  *21*
2. Uma só faísca  *37*
3. Frente única bem chinesa  *55*
4. Ainda sob fogo  *71*
5. Em busca da modernidade  *89*
6. Novas combinações estratégicas  *105*
7. Estratégias de orientação  *119*
8. Estabilidade social e política  *135*
9. Abertura internacional  *147*
10. A China no século XXI  *161*

Bibliografia  *177*

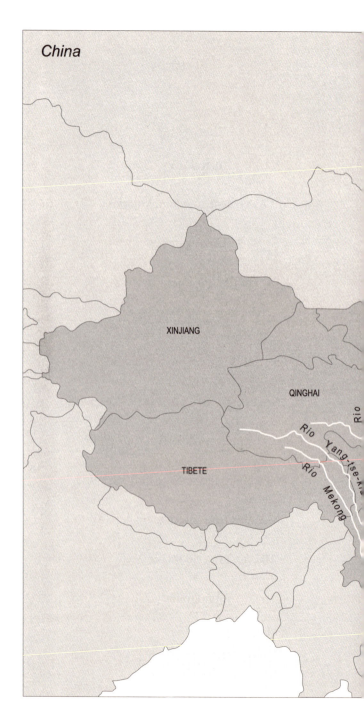

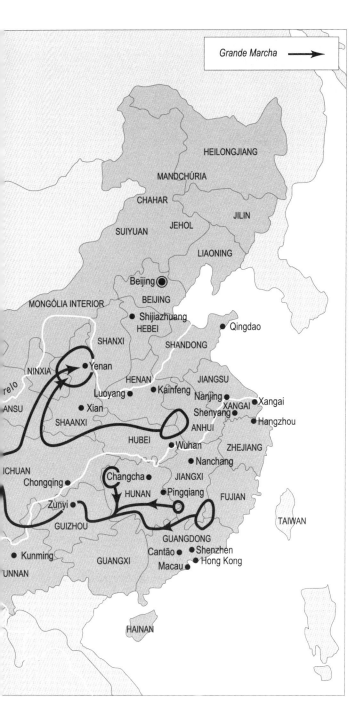

Nota editorial

A maioria dos nomes chineses transcritos neste trabalho obedeceu à ortografia oficial, chamada Pinyin. Nos casos de nomes conhecidos da historiografia brasileira, cuja transcrição em Pinyin dificultaria o reconhecimento, foi mantida a ortografia ocidental antiga, como Chiang Kaishek, em vez de Jiang Jie Shi, e Sun Iatsen, em vez de Sun Zongshan.

# Introdução

Desde 1980 a China ingressou num desenvolvimento surpreendente. Os mais céticos preveem que ela deve ombrear com os Estados Unidos, em capacidade produtiva e modernidade, entre os anos 2015 e 2020. Isso não é pouco para uma nação que passou os primeiros cinquenta anos do século XX envolvida em distúrbios, guerras e revoluções. E que, nos trinta anos posteriores à vitória da revolução popular, pareceu perder-se em buscas desesperadas para encontrar seu próprio caminho.

As reformas levaram muita gente a supor que a China retornava ao capitalismo que sua revolução abominara. Mesmo recentemente, durante o XVI Congresso do Partido Comunista, em novembro de 2002, a imprensa ocidental voltou a repetir o refrão do retorno ao capitalismo, enquanto a liderança chinesa continuava reiterando sua meta socialista para as mudanças em curso.

Essas mudanças evidenciaram o quanto a China e a revolução chinesa são pouco conhecidas no Brasil. Nos anos 50 e 60, algumas obras de Mao Zedong (Mao Tsé-tung) foram vertidas para o português e surgiram livros de autores brasileiros sobre diferentes aspectos daquele país. Depois, somente a partir de 1980 foram publicadas traduções de obras francesas e norte-americanas e começaram a aparecer textos acessíveis sobre a China, para estudantes do segundo e do terceiro graus. No entanto, são em pequeno número e abrangem apenas parte da diversidade e complexidade da história daquele país.

Os desdobramentos posteriores à Guerra do Ópio, em 1840, ao Movimento de 4 de maio de 1919 e à proclamação da República Popular, em 1949, dificilmente podem ser entendidos sem um conhecimento razoável das sementes plantadas durante o longo processo histórico que antecedeu tais acontecimentos.

As raízes da Revolução Chinesa encontram-se fincadas na tradição dos conflitos entre os senhores feudais, das rebeliões camponesas e das guerras pela unificação nacional.

Revoltas camponesas e conflitos entre senhores feudais perdem-se nos tempos das dinastias. As revoltas camponesas vêm desde a passagem das comunidades primitivas para o escravismo, projetando-se no século XX, com os Boxers e as guerras agrárias evolucionárias, que destruíram o sistema dinástico e transformaram a velha China. As guerras entre os feudais tanto desagregavam o território quanto tendiam para a unificação nacional. Estas últimas precederam a dinastia Qin, no século III a. C., e acompanharam a transição do sistema escravista para o feudal, por mais de dois mil anos. No final do século XIX, transformaram-se em movimento nacionalista republicano e, a partir do 4 de maio de 1919, tornaram-se um poderoso movimento nacional e democrático.

Mesmo após a República, em 1911, a China permaneceu um mosaico de regiões dominadas por *senhores de guerra*, proprietários rurais com exércitos próprios, lutando entre si pelo predomínio nacional. Paradoxalmente, essa ausência de um Estado centralizado foi uma das condições para que a Revolução Chinesa ganhasse corpo, alimentada pela ascensão dos movimentos populares agrários e urbanos. A proclamação dos Três Princípios do Povo (nacionalismo, democracia e bem-estar do povo) e a fundação do Partido Nacional do Povo – Guomindang, pelo Dr. Sun Yat-sen, suscitaram a crença de que a burguesia nacional chinesa dispunha-se a dirigir aquela revolução.

No entanto, o poder armado dos *senhores de guerra*, a pequena força da burguesia nacional chinesa, o surgimento de novos atores populares, como os operários, o impacto da revolução russa de 1917 e a continuidade da dominação imperialista introduziram mudanças na situação social e política do país. A partir de 1921, a Revolução Chinesa passou a contar com uma nova força política revolucionária, o Partido Comunista da China, como representação classista do operariado.

Por iniciativa do Dr. Sun Yat-sen, em 1923, no I Congresso Nacional do Guomindang, seus Três Princípios do Povo foram reformulados como Três Grandes Políticas do Povo (cooperação com os comunistas, cooperação com a União Soviética e atenção aos operários e camponeses) e os comunistas ingressaram no Guomindang para, juntos, derrotar os *senhores de guerra* do norte e instaurar o poder revolucionário em âmbito nacional.

No Guomindang, porém, além da burguesia nacional, participavam os latifundiários e militaristas do sul, e a chamada burguesia burocrática, ligada a interesses estrangeiros. Todos apoiavam, por motivações diferentes, a guerra contra os militaristas do norte, mas não aceitavam o movimento e as revoltas camponesas. Quando o Dr. Sun Yat-sen morreu, em 1925, esses setores assumiram a direção do Guomindang e procuraram resolver à sua maneira seu conflito de interesses com os setores populares.

O golpe sanguinário contra os comunistas e os movimentos populares, comandado por Chiang Kai-chek, em 1927, selou o rompimento do Guomindang com o Partido Comunista e deu fim à primeira guerra civil. Mas também forçou a retirada dos dirigentes comunistas para as zonas rurais, não paralisou os conflitos entre os *senhores de guerra* e desencadeou a segunda guerra civil revolucionária.

Até então convencidos de que a revolução teria como palco principal as cidades, e como força fundamental o operariado urbano, os comunistas se confrontaram com um forte movimento camponês, bases guerrilheiras rurais e áreas sob poder popular. Além disso, o golpe de Chiang Kai-chek bifurcara a revolução, opondo os operários e camponeses, representados pelos comunistas, à burguesia nacional, aos latifundiários, à burguesia burocrática e à burguesia estrangeira, representados pelo Guomindang.

Mas, como antes, as motivações revolucionárias eram agrárias, democráticas e nacionais, obrigando tanto os comunistas quanto os *nacionalistas* do Guomindang a realizar sua luta em torno da defesa e da aplicação real ou fictícia dos Três

Princípios do Povo e das Três Grandes Políticas, deixados pelo Dr. Sun Yat-sen. Isso abalou as certezas comunistas, forçando-os a buscar o caminho da revolução na própria história que a China havia produzido até então.

Apesar de sua ferocidade, Chiang Kai-chek não conseguiu eliminar os comunistas durante a segunda guerra civil, nem impedir os conflitos que envolveram os *senhores de guerra*, ora aliados ora inimigos do Guomindang, e muito menos escapar de uma nova aliança com os comunistas, como resultado da invasão do Japão sobre os territórios chineses, a partir de 1931. Mais uma vez na história, a força de atração exercida pela unificação e sobrevivência nacionais sobre os corações e mentes do povo chinês pesou sobre tudo o mais.

As atitudes diante da guerra de resistência contra o invasor japonês, entre 1937 e 1945, selaram o destino do Guomindang e do Partido Comunista. Quando a revolução voltou a bifurcar-se na terceira guerra civil revolucionária, o povo chinês reconheceu nos comunistas aqueles que haviam realmente contribuído para evitar a colonização da China pelos japoneses e os apoiou, majoritariamente, na instauração da República Popular da China, em 1949.

Nos mais de cinquenta anos seguintes, a revolução dirigida pelos comunistas unificou a maioria de seu povo para dar fim à dominação estrangeira, alcançar a completa unidade territorial nacional (apenas a província de Taiwan permanecia separada em 2002) e encontrar seu caminho de modernização e construção de uma nova democracia e do socialismo.

Nesse caminho, os comunistas tentaram, inicialmente, dar continuidade à combinação de socialismo e capitalismo que já vinham praticando nas áreas libertadas desde a guerra de resistência. Porém, viram-se açoitados pelo bloqueio norte-americano, pela guerra da Coreia e pela ganância da burguesia doméstica, que colocaram em perigo as conquistas da revolução.

Como reação, a partir de 1953 os comunistas enveredaram por um processo de industrialização estatal e coletivização agrícola, o qual elevou a capacidade produtiva do país, mas reduziu a renda dos operários e camponeses, ao transferir parte daquela renda para os investimentos na indústria pesada, causando descontentamentos. Diante disso, os comunistas lançaram, em 1957, o Movimento das Cem Flores, esperando debater como combinar o desenvolvimento das forças produtivas, extremamente atrasadas na China, com a melhoria constante do bem-estar do povo.

O debate entre os que supunham necessário combinar elementos socialistas e capitalistas para desenvolver a capacidade produtiva e elevar a renda da população e os que defendiam a vontade revolucionária das massas como fator principal daquele desenvolvimento, sem necessidade de concessões à classe burguesa, foi, porém, atropelado. As forças direitistas e contrarrevolucionárias, ainda muito ativas dentro da China, aproveitaram-se para atacar o socialismo e o governo popular. Nesse contexto, o governo não só reprimiu as ações direitistas e as críticas, como acelerou a coletivização e a estatização, tendo por base o tradicional sentimento igualitarista do campesinato e dos trabalhadores pobres das cidades.

O Grande Salto Adiante, entre 1958 e 1960, expressou a vitória dos que pretendiam superar o atraso da China pela mobilização ideológica e política maciça. As leis de aço da economia impuseram-lhes, porém, uma dura derrota, com a emergência de graves problemas na produção e no abastecimento. Os reajustes econômicos de 1962 a 1964 foram um reconhecimento parcial das dificuldades, e o programa das Quatro Modernizações (indústria, agricultura, defesa nacional e ciência e tecnologia), de 1964, constituiu não só um recuo estratégico, como a tentativa de colocar em prática a combinação de socialismo e capitalismo no desenvolvimento da China.

Tudo isso ocorria com o mundo vivendo a guerra fria, em que a guerra do Vietnã e os movimentos de libertação nacional da Ásia, África e América Latina eram os principais focos. Nesse contexto, as mudanças de orientação ideológica e política dos dirigentes soviéticos levaram ao rompimento dos acordos de cooperação com a China e fizeram que a maioria dos dirigentes chineses enxergasse em qualquer "revisionismo" e "rabo capitalista" perigos mortais. As Quatro Modernizações se esvaíram, e a Revolução Chinesa ingressou, a partir de 1966, na Revolução Cultural.

Essa "revolução" constituiu a tentativa mais extremada de implementar a ideia de que as massas mobilizadas são capazes de remover qualquer montanha. Todas as experiências de participação maciça para elevar a produção, desenvolver as ciências e a tecnologia, governar o Estado, exercer a democracia direta e implantar o igualitarismo foram praticadas durante seus dez anos de duração.

Apesar de contar com a direção de Mao Zedong até quase o seu final, a Revolução Cultural entrou em processo de esgotamento já em 1969, ao se transformar numa grande luta de facções, danificar a unidade e a estabilidade do país e não alcançar seus elevados objetivos na economia e na sociedade. Ao findar, em 1976, não tinha mais nenhum apoio social. Seus defensores ficaram totalmente isolados, abrindo campo para que as Quatro Modernizações fossem ampliadas e transformadas num programa de grande duração, de reformas e abertura no socialismo chinês.

Resultado de processos de reajustamentos e de avaliação histórica da Revolução Chinesa, que duraram mais de dois anos de debates internos no PC e no governo, o programa de reformas foi oficialmente desencadeado em 1980. Desde então, por meio de seu *socialismo com peculiaridades chinesas*, a China vem sendo profundamente transformada do ponto de vista econômico, social, político, ideológico e cultural. A tal ponto que, embora os comunistas daquele país afirmem que estão na *fase primária do socialismo*, muitos continuam sem saber se a China é socialista ou capitalista.

É toda essa rica e variada história da Revolução Chinesa que repassaremos neste livro.

# 1. As sementes revolucionárias

A China é um dos berços da civilização humana. Em Yunan, no sudoeste do país, foram encontrados fósseis de hominídios datados de 1,7 milhão de anos. No centro-norte, a descoberta do *Homo Pekinensis*, de 400 a 500 mil anos atrás, indicou que ele caminhava ereto, sabia empregar o fogo, fabricava instrumentos de madeira e pedra e possuía muitas das características do homem moderno. E os restos arqueológicos das planícies do Rio Amarelo (Huanghe) confirmam que, há mais de seis mil anos, suas populações primitivas já praticavam a agricultura e a pecuária.

A invenção da escrita chinesa coincide com a formação de sua primeira sociedade estatal, a dinastia Xia, entre os séculos XXI e XVI a. C., isto é, há mais de quatro mil e duzentos anos. As técnicas de fundição de bronze e ferro, a produção de utensílios de cerâmica branca e esmaltada, a fabricação de tecidos de seda e a construção de carros de combate, com rodas e puxados por cavalos, são da época da dinastia Shang, de três mil anos atrás.

## Os tempos escravistas

Os períodos da história passada da sociedade chinesa têm sido medidos pela sucessão das dinastias. Do século XXI ao III a. C., as dinastias Xia, Shang, Zhou do Oeste e Zhou do Leste (aqui compreendidos os períodos da Primavera e do Outono e dos Reinos Combatentes) foram aquelas que deixaram maiores relatos escritos de sua existência. No entanto, além delas, o território que hoje se conhece como China era ocupado por pequenos reinos independentes e por tribos nômades que viviam da caça e da coleta, ou que as combinavam com uma agricultura e pecuária rudimentares.

Parte da literatura ocidental cunhou a ideia de que a China, como outros países asiáticos, teria se movido, desde sua Antiguidade, por meio de um tipo de sociedade especial chamada "asiática". Tal ideia, expressa pela primeira vez pelo filósofo alemão Hegel, supunha que a característica principal dessa organização social seria a combinação de um sistema político despótico "oriental", erigido sobre um sistema tributário e agrícola, dependente do regime de cheias e vazantes de grandes rios e da construção de grandes obras hidráulicas.

A legitimação desse Estado dependeria, portanto, da realização das obras públicas e de seu reconhecimento como ato divino. Não por acaso, os imperadores chineses eram tidos como "Filhos do Céu". Na verdade, porém, o surgimento dos Estados chineses não seguiu padrões muito diferentes daqueles que levaram à formação dos Estados escravistas gregos e romanos no Ocidente.

Ao processo de domesticação das plantas e animais no vale do Rio Amarelo, seguiu-se a criação e o desenvolvimento da agricultura e da pecuária. A geração de excedentes alimentares possibilitou a implantação de relações de troca e, paulatinamente, levou os antigos grupos humanos de caçadores e coletores nômades a sedentarizar-se em aglomerações populacionais agrárias.

A divisão e especialização do trabalho levou à transformação de muitas dessas aglomerações agrárias em cidades, e depois em cidades-Estado, e introduziu a diferenciação social entre homens livres e escravos. Os primeiros eram os nobres e a gente comum. Os escravos provinham, em geral, dos povos bárbaros, isto é, das tribos que viviam da coleta, da caça e de uma pecuária rudimentar, principalmente nos planaltos do norte, noroeste e sudoeste. Outra parte provinha de habitantes de outras cidades. Uns e outros aprisionados durante as guerras que travavam entre si.

Criou-se, dessa forma, uma estrutura social e política na qual os nobres tinham o papel dominante, saindo de seu meio o rei ou soberano. Não se conhece, na historiografia chinesa desse período, nenhuma cidade-Estado em que a gente comum ou plebeia tenha imposto um regime democrático, como aconteceu em Atenas. No entanto, são conhecidos vários casos em que os camponeses livres se revoltaram, derrubaram o rei e a nobreza, ou parte dela, e transformaram um dos seus em novo rei.

À medida que os reis conseguiram impor uma sucessão hereditária, mesmo contra o resto da nobreza, surgiram as dinastias e, paralelamente, os impérios dinásticos, nos quais as dinastias mais fortes se impunham, pela guerra, por contratos matrimoniais, ou outros tipos de acordo, às demais cidades-Estado.

Durante todo o período de expansão do sistema escravista, que se estendeu até o século VIII a. C., as terras nem sempre foram propriedade dos nobres, ou do rei ou imperador. Muitas vezes, eram propriedade comum dos camponeses livres, que pagavam algum tipo de tributo ao erário real em troca de proteção e do armazenamento da colheita. Em parte, foi essa tradição de comunidade camponesa, que se estendeu aos séculos seguintes, que forçou o Estado chinês a adotar funções com algumas características que diferenciaram dos Estados ocidentais.

O período que vai do século VIII ao III a. C. é o de transição do escravismo ao feudalismo. Conhecido como período da Primavera e Outono e dos Reinos Combatentes, presenciou um grande florescimento da cultura filosófica, dos conhecimentos técnicos e da difusão do budismo. Coincide, no tempo, mas de modo completamente autônomo, com o florescimento da cultura grega. E, da mesma forma que esta teve grande influência no mundo ocidental, a cultura chinesa desse período estenderia suas teorias e preceitos a todo o desenvolvimento posterior da China e do Oriente.

Lao Zi, Confúcio, Mo Zi, Sun Zi e vários outros pensadores desse período preocuparam-se em elaborar uma visão própria do mundo e da sociedade. Apareceram inúmeras escolas de pensamento que competiam livremente entre si e deram surgimento à ideia de que a "competição entre cem escolas de pensamento" era uma das condições essenciais para o desenvolvimento do conhecimento humano. Da mesma forma que os dialéticos gregos, Lao Zi via o *tao* como a essência primária da realidade e o gerador de todos os fenômenos, sempre num constante processo de fluxo e mudanças, e em concatenação com todos os demais fenômenos.

Confúcio, por sua vez, da mesma forma que Platão, deu prioridade aos aspectos sociopolíticos e ético-morais da sociedade, orientando-se para o autocultivo da própria pessoa, a retificação da família, o reordenamento do país e a harmonização do mundo humano. E Sun Zi, de forma muito mais profunda que Tucídides, sintetizou as estratégias e táticas empregadas nas guerras entre reinos e dinastias e se adiantou, em muitos séculos, ao alemão Clausewitz.

Ainda de modo totalmente independente das sociedades gregas, mesopotâmicas e egípcias, os chineses desse período também dedicaram-se ao conhecimento da astronomia, matemáticas, música, engenharia e agricultura. Algumas das obras resultantes de suas técnicas de construção hidráulica ainda hoje se encontram em operação, como o sistema de irrigação de Dujiangyan, na província de Sichuan. Elas deram aos reinos a legitimidade de ampliar a cobrança de tributos dos camponeses, mas também fizeram recair sobre eles a obrigação de propiciar água para a irrigação.

Essa é também uma época em que as guerras entre os diversos reinos escravistas, e entre estes e os bárbaros provenientes da Ásia central e do norte, assolaram as populações rurais e citadinas. A nobreza militar e burocrática dos reinos, com seus exércitos próprios, vai então se apossando da propriedade fundiária, enquanto os setores livres comuns da população – camponeses, pequenos artesãos e comerciantes – se veem obrigados a procurar proteção nos domínios territoriais dessa nobreza, em troca de fidelidade e de obrigações a serem pagas em trabalho ou produtos.

O rei, em geral, era o nobre com maiores propriedades fundiárias, mas isso, em vez de reduzir as lutas entre os nobres, aguçava-as, criando, por sua vez, uma situação que permitiu, em muitas áreas, as comunidades camponesas de continuarem possuindo a terra e realizando diferentes tipos de acordo com os senhores feudais. Nada tão diferente do que ocorreu nos domínios do Império Romano, alguns séculos depois.

No final do século III a. C. (221 a 207 a. C.), ocorreu a primeira tentativa de sustar as guerras internas, unificando o país sob um Estado centralizado. Qin Shi Huangdi, um senhor feudal dos planaltos de Loess do Rio Amarelo, derrotou e liquidou grande parte dos senhores feudais em vastas áreas dos territórios a leste, submeteu os restantes, ordenou a queima dos livros que incensavam os feitos feudais e fundou a dinastia Qin.

Dessa forma, bem antes do surgimento das monarquias feudais e absolutistas na Europa, a China conheceu um Estado feudal centralizado, embora grande parte da população ainda permanecesse na condição de escrava. Além disso, mesmo tendo como maioria a etnia *han*, conformou-se também como Estado pluriétnico, abrangendo várias das etnias tidas como *bárbaras*.

Feudalismo centralizado

Por meio desse Estado, Qin Shi Huangdi unificou a escrita, as unidades de medida e a moeda, estabeleceu o sistema administrativo de prefeituras e distritos, à frente dos quais colocou uma burocracia de letrados. Também instituiu o ensino técnico, estimulou a construção de palácios, tumbas e muralhas, incluindo a Grande Muralha, desenvolveu as manufaturas de ferro, bronze, tecidos e cerâmicas e incentivou a produção agrícola. A riqueza e as técnicas desse período podem ser medidas pelo palácio imperial de Lishan e pelos *guerreiros de terracota* e demais utensílios do imponente complexo tumular de Xianyang. E pelo fato de que, conforme menção do filósofo Lu Buwei, os chineses já haviam descoberto o poder magnético de certas rochas, que as fazia apontar para o sul, permitindo aos viajantes das terras inóspitas utilizá-las como bússolas rudimentares e orientar-se.

Com um elaborado conhecimento astronômico e matemático, os sábios da dinastia Qin elaboraram calendários lunares, relacionando os movimentos dos astros com os melhores tempos de plantio e colheita. Dessa forma, além de legitimar sua dinastia pela construção humana de obras hidráulicas, os Qin procuraram legitimá-la como mandato divino confuciano (*tiang ming*), pela orientação dos calendários. Mas a imprevisão dos distúrbios climáticos e de seus consequentes problemas agrícolas tendia a abalar a legitimidade divina da representação imperial e transformar-se em sinal de rompimento do mandato celestial (*ge ming*).

Talvez por isso, a poderosa dinastia Qin tenha sido derrubada, no bojo de insurreições camponesas, por Liu Bang e Xiang Yu. O primeiro, de origem camponesa, e o segundo, um senhor feudal, transformaram-se em generais e uniram-se para derrotar a dinastia Qin. Na disputa posterior, Liu Bang derrotou Xiang Yu, tornou-se imperador e fundou a dinastia Han, conquistando um novo mandato celestial e mantendo a unificação da China por outros 426 anos.

Foi durante o domínio Han que os chineses, com a utilização de fibras vegetais, começaram a fabricar o papel e abriram a primeira rota de comércio terrestre com o Ocidente. A Rota da Seda partia de Xian, passava pela Ásia central e atingia a costa oriental do Mar Mediterrâneo. Apesar de haver incorporado os hunos e ampliado seu território através de casamentos dinásticos, a dinastia Han, como as anteriores, não conseguiu impedir seu descenso. Assolada pelas revoltas camponesas de Xinchi, Pinglin, Olhos Vermelhos, Cavalos de Bronze e Turbantes Amarelos, não evitou a desintegração do Estado unificado, nem o crescimento do poderio dos domínios feudais de Wei, Shu e Wu. Estes, em 220 d. C., iniciaram o período dos Três Reinos.

Entre 265 e 618 d. C., aos Três Reinos sucederam-se as duas dinastias Jin (do leste e do oeste), as dinastias do Sul e do Norte e a dinastia Sui. Em 618, a China voltou a unificar-se sob a dinastia Tang e conheceu um dos períodos mais prósperos de sua época feudal. A agricultura, o artesanato, as manufaturas de tecidos, tintas, cerâmica, siderurgia, construções navais e o comércio alcançaram um auge desconhecido dos períodos anteriores. A China estabeleceu contatos comerciais e diplomáticos com o Japão, Coreia, Índia, Pérsia e países árabes e realizou com todos um vultoso intercâmbio através das vias terrestres e aquáticas.

Mesmo assim, voltou a fragmentar-se em razão das rebeliões camponesas e das guerras contra os bárbaros e os senhores feudais. Em 875 irrompeu uma das mais famosas guerras camponesas da história da China. No curso de dez anos, Huang Shao e seus camponeses, para aliviar os impostos e rendas que pesavam sobre o "povo sofredor", dominaram inúmeras províncias ao longo dos rios Amarelo, Yang-tse-kiang, Huai e das Pérolas, capturaram a capital imperial de Chagan (atual Xian) e proclamaram um novo império. Mas o próprio Huang não evitou as dissensões internas, nem os ataques bárbaros, e retirou-se para seu cantão natal, onde se suicidou.

Até 960 sucederam-se cinco dinastias e dez Estados, que acabaram unificando-se outra vez sob a dinastia Song. Mas o processo de enfraquecimento não foi contido e, em 1271, Kublai Kan estendeu sobre o território chinês o kanato mongol, fundado em 1206 por seu avô Gêngis Khan. Com sua capital em Dadu (atual Beijing), em 1279 os mongóis já dominavam completamente a China.

A nova dinastia mongol, a Yuan, retomou a prosperidade e os inventos da dinastia Tang, permitindo um amplo florescimento manufatureiro e comercial. É desse período a ampla utilização da bússola nas navegações marítimas, da imprensa com tipos móveis, da pólvora em canhões e foguetes e de uma série de outros instrumentos e técnicas avançadas para seu tempo, como o astrolábio e o escapo, este último o mecanismo que regula o movimento dos relógios mecânicos.

Os juncos chineses de três mastros, velas triangulares e lemes, que permitiam navegar contra o vento, eram mais avançados do que as embarcações ocidentais do mesmo período. E, a essa altura, os matemáticos chineses já haviam calculado o valor de Pi (razão entre a circunferência de um círculo e seu diâmetro) e resolvido diversas outras equações geométricas, indispensáveis para a construção de pontes, navios e outros instrumentos mecânicos.

As relações da China com os países asiáticos, árabes e ocidentais também se intensificaram, sendo de então a viagem e os relatos do mercador veneziano Marco Polo. Mas o domínio mongol foi sempre uma fonte de atritos e rebeliões. A revolta camponesa de Zhu Yuanshang foi vital para a derrubada dos Yuan, cm 1368, e sua substituição pelos feudais Zhou, da região de Nanjing, e sua famosa dinastia Ming.

Durante essa nova dinastia, a produção agrícola e artesanal, a urbanização e a produção manufatureira avançaram no rumo das relações capitalistas, com um considerável desenvolvimento do comércio terrestre e marítimo internacional. Mas a dinastia Ming estava fadada a sofrer os mesmos percalços das dinastias anteriores, sob o dinamismo das rebeliões camponesas, principalmente a de Li Zhusheng, e das disputas entre os nobres feudais.

Visto desse modo, o processo de formação e expansão do feudalismo da China e de constituição de suas dinastias absolutistas, embora iniciado bem antes, não se diferencia radicalmente do processo feudal e da constituição das monarquias absolutistas europeias. A base social e o conteúdo político do despotismo chinês Ming, por exemplo, são tão diferentes da base social e do conteúdo político do absolutismo do Rei Sol francês quanto os deste são diferentes do absolutismo da rainha virgem inglesa Elizabeth.

Trânsito fracassado

O declínio da dinastia Ming ocorreu no período em que a Europa, havendo se apropriado de muitas das invenções chinesas, começara sua expansão mercantil marítima. Os Ming, atormentados por uma população de quase cem milhões de almas no início do século XVII, que vinha reduzindo drasticamente as áreas das propriedades fundiárias e ampliando as cidades e as profissões, foram incapazes de enxergar no comércio externo de seus produtos (sedas e outros tecidos, porcelanas, chás, papel), e na descoberta de novas terras, uma condição para sua própria legitimação.

Amarrado ao doutrinarismo confuciano, o sistema dinástico chinês considerava-se o centro do mundo. Todos os demais povos seriam bárbaros. Foi como tratou os navegadores e comerciantes portugueses que se instalaram em Macau, em 1557, sem tirar nenhuma lição do acontecimento. Também não conseguiu entender o significado da desintegração das grandes propriedades rurais trabalhadas por servos. Ou da multiplicação das pequenas propriedades rurais que, além da agricultura, realizavam o artesanato e o comércio. Nem o motivo pelo qual um sem-número de senhores rurais mudava para as cidades com o fim de participar de atividades mercantis.

Assolada por problemas econômicos, rebeliões camponesas, incursões de piratas e expansão do reino *jürguen* ou *manchu*, que ocupava os territórios a nordeste da China, a dinastia Ming continuou aferrada a seus limites e a seu sistema. As novas classes mercantis, por sua vez, atadas aos funcionários imperiais, não possuíam forças para impor nova dinâmica ao império. Viram-se, então, desamparadas, quando funcionários e generais da etnia *han* imperial passaram a desertar para as tropas *manchus*, que destroçaram a nobreza Ming em 1644.

Os *manchus*, porém, eram uma etnia relativamente pequena. Apesar de possuírem um sistema militar superior ao dos Ming, não tinham condições de espalhar as suas forças por todo o território chinês. O próprio papel desempenhado pela desertora nobreza *han* e a resistência de mais de dezessete anos dos remanescentes da linhagem Ming alertaram-nos de que precisavam adaptar-se aos costumes e tradições *han* para manter sua hegemonia. Assim, ao mesmo tempo que estendia seu domínio sobre a China, Coreia e Mongólia, a nova dinastia Qing dos *manchus* adotou a ideologia confuciana.

Controlou o sistema de exames dos funcionários imperiais e a distribuição dos títulos de mandarim. Em vez de reforçar as classes mercantis e manufatureiras, aumentou o poder dos senhores rurais, permitindo a eles manter propriedades sob nomes falsos e não recenseados. Reduziu as relações comerciais com os demais países e acentuou o monopólio imperial sobre o sal e as minas. E, o que foi fatal para seu futuro, restringiu o transporte de grãos do sul para o norte ao tráfego através do Grande Canal, tornando inoperante sua frota marítima.

Dessa forma, enquanto o mundo ocidental ingressava na era capitalista com a centralização monárquica, a expansão mercantil marítima, a extinção dos feudos e a Revolução Industrial, a China dos Qing procurou manter inalterado tudo que Confúcio considerava eterno. Embora com uma sociedade feudal já fragmentada, uma frota naval capaz de enfrentar o alto-mar e uma classe comercial experimentada, instituiu uma tal teia de relações entre os privilégios oficiais e a burguesia comercial que esta se acomodou a tais prerrogativas e foi incapaz de saltar do artesanato para a grande manufatura, e desta para a indústria.

Os Qing temiam qualquer inovação no milenar processo produtivo agrário e artesanal e no intercâmbio comercial com outros países. Além disso, proibiam ser confrontados com as narrações do florescimento Ming. Desse modo, pareciam haver transformado a China naquilo que Hegel chamou de "repetição de uma mesma ruína majestosa" e Marx de "prisioneira dos maxilares do tempo".

É verdade que a permanência do sistema de senhorios territoriais era asfixiante. Os camponeses trabalhavam principalmente para entregar a maior parte de sua produção aos senhores e ao fisco imperial, vivendo endividados e sem condições de libertar-se. Sem amplos e livres mercados de trabalho e de consumo, a burguesia mercantil não se sentia impelida a desenvolver manufaturas e indústrias. Os latifundiários elevavam as taxas de arrendamento, mas escondiam a produção que cobravam dos camponeses, impedindo que os celeiros imperiais fossem abastecidos.

Os camponeses também se esforçavam para esconder sua produção e não pagar os impostos e taxas cobrados pelos funcionários locais. Estes se apropriavam de parte ou de todo o arrecadado, em vez de enviá-lo para os cofres do império, impondo restrições ao próprio funcionamento da máquina burocrática estatal. Esta se via impedida de realizar novos exames para funcionários, deixando uma legião de letrados frustrados, enquanto as obras hidráulicas não eram conservadas ou ampliadas.

Havia uma aparência geral de imobilidade. Esta, porém, era uma ilusão. Aumentaram as migrações em busca de terras de plantio. Agravaram-se os conflitos entre as populações autóctones e os colonos migrantes. Os casos de penúria e fome multiplicaram-se. No final do século XVIII, já com cerca de trezentos milhões de habitantes, a China assistiu ao alastramento das agitações nas suas zonas rurais. Irromperam inúmeras seitas de caráter religioso e milícias armadas, organizadas pelas comunidades camponesas, que colocavam de lado os magistrados e administradores Qing.

Essa agitação transformou-se na rebelião camponesa da sociedade do Lótus Branco, em 1796. Estendendo-se até 1805, essa revolta foi acompanhada da crise comercial e monetária provocada pelo comércio do ópio e pela militarização crescente da sociedade. Os senhores rurais *han*, com permissão imperial, substituíram as estruturas militares *manchus* por exércitos próprios, para combater as rebeliões camponesas e o banditismo rural. Ao mesmo tempo, os letrados procuravam uma terceira via, atuando nas comunidades camponesas para combinar processos educativos, administrativos e produtivos e manter os camponeses sob sua tutela.

Assim, ao começar a segunda onda de expansão colonial europeia, no início do século XIX, a dinastia Qing estava engolfada num mar de problemas internos e despreparada para enfrentar as canhoneiras das potências industriais. Já se encontrava em sua fase descendente, deixando à mostra os sinais tradicionais de rompimento do mandato celestial, com corrupção administrativa e política sem controle, problemas econômicos, rebeliões camponesas e populares e inquietações intelectuais.

A Guerra do Ópio, desencadeada em 1840, foi o princípio de um longo processo de repartição da China pelas potências coloniais. Inglaterra, França, Rússia, Japão, Estados Unidos e outros países impuseram à dinastia Qing uma série de tratados pelos quais a China lhes concedeu zonas de influência e concessões de áreas territoriais e direitos alfandegários e de extraterritorialidade. A cada tentativa de resistência às pretensões europeias, alguma daquelas potências iniciava uma guerra, que resultava em novos "tratados", mais lesivos e mais humilhantes para a China, não só com a potência guerreira, mas em geral com todas as demais potências estrangeiras.

Desse modo, à primeira guerra do Ópio (1839-1842), seguiram-se a segunda guerra do Ópio (1856-1860), a guerra russo-chinesa (1858), a guerra franco-chinesa (1884-1885), a guerra sino-japonesa (1894-1895) e a guerra sino-alemã (1898). Além de Macau, que a China perdera para Portugal desde 1557, Hong Kong passou ao domínio inglês, Qingdao tornou-se possessão alemã, e a Mandchúria e Taiwan caíram sob jugo japonês. E Xangai, Ningbo, Fuzhou, Xiamen e Guangzhou (Cantão) foram transformados em portos livres, com suas alfândegas controladas pelas diversas potências estrangeiras, situação que depois se estendeu a outras regiões litorâneas e fluviais chinesas.

Desse modo, à opressão feudal e *manchu* somou-se a das potências industriais europeias, norte-americanas e japonesas, aumentando as cargas sobre os camponeses e demais trabalhadores. A reação imediata foi a Revolução do Reino Celestial Taiping, que se estendeu de 1851 a 1864, e as rebeliões dos Nian, dos muçulmanos e dos Boxers. Para jugulá-los, os Qing procuraram o auxílio das tropas estrangeiras, em troca de novas concessões, agravando ainda mais o quadro em que se debatia a China.

Tríplice dominação

Durante a segunda metade do século XIX, as potências industriais introduziram na China o ópio em larga escala, em troca de seda, porcelana e chá. Lucraram com o tráfico de trabalhadores chineses (*coolies*) para as plantações de cana nas Antilhas, de abacaxi no Havaí, e para a construção de estradas de ferro nos Estados Unidos.

Com o objetivo de importar matérias-primas agrícolas e minerais para seus parques fabris e comercializar seus produtos industriais no interior da China, construíram estradas de ferro, modernizaram portos, implantaram oficinas de manutenção e reparos e instalaram fábricas. Dessa forma, não só tornaram a China uma sociedade semicolonial, como introduziram em seu sistema semifeudal os elementos capitalistas, cujos embriões autóctones a dinastia Qing havia impedido de desenvolver-se.

Espoliavam a China cobrando indenizações e reparações de guerra e lucrando com os privilégios alfandegários e comerciais, a exportação de suas mercadorias e a monopolização dos modernos sistemas de transporte. Reduziram a capacidade de investimentos do Estado Qing e desorganizaram o artesanato e as manufaturas domésticas. Ao mesmo tempo, incentivaram as relações mercantis, deram a conhecer seus progressos industriais e tecnológicos, disseminaram as ideias liberais e diversificaram as classes e estratos da sociedade chinesa.

As potências imperialistas também protegeram a dinastia *manchu,* permitindo que os grandes proprietários fundiários continuassem a principal base social do sistema dinástico. O sistema senhorial podia não lhes servir diretamente nos negócios, mas era o principal instrumento de pacificação armada do interior. Seu poder vinha tanto da propriedade da terra quanto da linhagem familiar, de sua participação no sistema burocrático da corte imperial, de serem letrados, de terem influência e poder sobre os magistrados locais e, principalmente, de possuírem exércitos próprios.

Mesmo os médios e pequenos proprietários fundiários tinham importância à medida que podiam realizar os exames de ingresso na burocracia imperial e exerciam o poder local, desempenhando tanto o papel de exploradores quanto o de protetores dos camponeses. Como exploradores, cobravam os direitos de acesso à terra, exerciam funções creditícias e monopolizavam o comércio. Amiúde, cobravam impostos e taxas adicionais. Como protetores, intermediavam os conflitos dos camponeses com os grupos de bandidos, fiscais imperiais, soldadesca e outros abutres de ocasião.

Já a burguesia, antes restrita aos comerciantes caudatários dos monopólios imperiais, diferenciou-se em três grandes setores. Uma *burguesia estrangeira*, que se considerava externa à sociedade chinesa e a tratava como vassala, com seus representantes residindo em áreas de concessões territoriais nas grandes cidades. A *burguesia burocrática ou compradora*, constituída por setores ligados aos interesses estrangeiros nas companhias de comércio e transporte de exportação e importação, e mesmo em alguns empreendimentos industriais. E a *burguesia nacional*, aquele setor nativo que se beneficiava da introdução de elementos capitalistas na sociedade, mas não mantinha laços diretos com os capitais estrangeiros.

Os *camponeses* eram a maior parcela da população, cerca de 80%. Entre eles, havia os camponeses-proprietários abastados, médios e pobres. Havia ainda camponeses sem-terra médios e pobres (foreiros, arrendatários, parceiros). Os pobres constituíam a maioria, trabalhando nas terras dos latifundiários, a quem pagavam rendas elevadas (quarta, terça e meia parte da produção). Em geral prestavam, ainda, serviços em dias determinados nas terras dos proprietários, na maior parte das vezes sem receber nenhuma paga. E tinham que pagar tributos ao fisco imperial e aos chefetes locais.

O lumpensinato, ou a classe dos marginais, ou a "gente ruim", sempre esteve presente na sociedade chinesa, como resultado de seu histórico de guerras, urbanização e conflitos sociais. A penetração imperialista na China ampliou essa camada, tão bem retratada pelo célebre escritor Lu Xun em seu conto "A verdadeira história de Ah Q". Sua sobrevivência estava ligada a atividades econômicas e sociais periféricas e muitas vezes conflitantes com o sistema predominante, como a prostituição, o tráfico, o contrabando, a mendicância, o roubo e o banditismo de grupo, urbano e rural.

Finalmente, a penetração estrangeira na China deu surgimento ao operariado, classe operária, ou proletariado, empregado nas ferrovias e sistemas de comércio e transporte, e em menor escala nas poucas unidades fabris implantadas no país. E ampliou consideravelmente as *classes médias urbanas*, uma camada intermediária entre a burguesia e a classe operária, constituída pelos empregados graduados das empresas capitalistas estrangeiras e nacionais, pelos funcionários governamentais de escalão inferior e intermediário, pelos setores profissionais liberais e pelos professores.

A tríplice dominação da *burguesia estrangeira*, dos grandes proprietários rurais, ou *senhores de guerra*, e da *burguesia burocrática*, articulada pelo Estado Qing, não estava isenta de rivalidades internas e de dificuldades. A expansão do domínio estrangeiro constituía uma constante ameaça à unidade do império, que só não foi completamente desmembrado em razão das disputas entre as potências imperialistas e do temor das rebeliões populares.

A associação dos *senhores de guerra* e da *burguesia burocrática* a diferentes potências imperialistas também se tornou uma fonte inesgotável de atritos e mesmo guerras internas. E o grau de exploração das camadas subalternas da sociedade chinesa fazia explodir insatisfações e aspirações que deveriam desembocar, mais cedo ou mais tarde, em rebeliões e num processo revolucionário de novo tipo.

## 2. Uma só faísca

Tradicionalmente, os grandes proprietários rurais chineses sempre foram *senhores de guerra*, dominando seus feudos e regiões inteiras por meio de exércitos próprios. Mas isso nunca impediu que as zonas rurais vivessem em estado quase permanente de beligerância. A qualquer faísca, suas pradarias eram incendiadas. Seja pelas invasões de reinos fronteiriços, conflitos entre reinos internos, disputas entre *senhores de guerra* ou, ainda, pelas rebeliões camponesas. Por isso, praticamente todas as cidades chinesas foram cercadas por muralhas.

Na história dos camponeses, por sua vez, desde as dinastias mais remotas, encontram-se relatos de sociedades de ajuda mútua, beneficentes, religiosas e políticas. Em geral secretas e, muitas vezes, armadas, essas organizações tinham como ideologia o igualitarismo, a fraternidade e o heroísmo, e estavam voltadas contra os letrados, mandarins e funcionários, oriundos das famílias proprietárias territoriais de linhagem.

A história de Shi Jin, por exemplo, é da literatura do século XII. Combatente contra o banditismo, foi levado à rebelião diante da corrupção dos maus funcionários. A tradição camponesa na China é de embate violento contra os abusos e injustiças. No entanto, sem objetivos políticos claros, muitos desses levantes descambaram para o banditismo social, o que induziu alguns historiadores a não considerá-los lutas de classes. Segundo eles, essas revoltas camponesas teriam como característica dividir as classes e segmentos sociais em campos indistintos, mesclando diferentes classes. Não se trataria, portanto, de lutas da classe camponesa contra a classe dos senhores rurais.

Na maior parte dos levantes camponeses da história chinesa, é possível encontrar, a seu lado, dissidentes das classes dominantes e personagens de outras classes. Monges budistas e taoistas, letrados contestadores e diversos tipos de marginais rurais e urbanos integravam-se a eles. O senhor rural Xing Yu participou da rebelião do camponês Liu Bang contra a dinastia Qin, entretanto parcelas consideráveis do campesinato e dos demais segmentos sociais apoiaram o imperador.

Os camponeses, no entanto, constituíam a grande massa das rebeliões. E os motivos destas estavam sempre relacionados a queixas e interesses dos camponeses contra os proprietários fundiários e/ou seus representantes políticos e culturais, incluindo a monarquia. Dessa forma, as roupagens com que essas lutas mascaravam suas motivações mais profundas apenas demonstram não a ausência das lutas de classes, mas as formas com que tais lutas se revestiam.

Declínio Qing

As grandes rebeliões da China no século XIX – Taiping (1850-1864), Nain (1851-1858), muçulmanos (1864-1873) e Boxers ou Yi Hoduan (1900-1901) – tiveram os camponeses como sua principal força. E foram as primeiras manifestações profundas da derrocada, não apenas dos Qing, mas do sistema dinástico. Por isso, embora tenham apresentado motivações diversas, inclusive religiosas, ganharam uma conotação política que estava fora da compreensão de seus participantes e líderes.

Elas reagiram, de forma contraditória, à dominação estrangeira e à disseminação das novas ideias trazidas por essa dominação. Paradoxalmente, como foi o caso dos Taiping, umas se voltaram contra a dinastia imperial e seu sistema confuciano, ao mesmo tempo que tentavam reproduzir o sistema dinástico sob outro imperador. Outras vezes, como na rebelião dos Boxers, defenderam a dinastia e aliaram-se a ela, fazendo uso da ideologia dominante para combater o inimigo vindo de fora.

No contexto das mudanças e crises introduzidas pelo capitalismo ocidental, as rebeliões camponesas, no entanto, já não conseguiam romper o mandato celestial anterior e, como no passado, instalar um novo. Em vez de perpetuar o sistema, tendiam a destruí-lo. Esse impasse da dinastia Qing refletiu-se nos letrados que compunham seu sistema burocrático e militar. Ao adotar as técnicas comerciais e militares estrangeiras, procurando não mudar as tradições artísticas e institucionais, alguns letrados envolveram-se com a modernização que o regime dinástico não queria admitir.

Em 1898, liderados por Kang Youwei e Liang Qichao, em aliança com o imperador, lançaram um movimento reformista, conhecido como a Reforma dos Cem Dias. Propuseram uma assembleia de letrados, a reforma do sistema de exames, a construção de estradas, portos e outros meios de transportes e comunicações, a industrialização, a abolição das tradições que inferiorizavam as mulheres e a introdução do conceito de nação como o principal aspecto da lealdade do povo. Os conservadores do sistema imperial, comandados pela regente Cixi, interpretaram essas reformas como o fim do sistema dinástico, mantiveram o imperador sob prisão domiciliar e reprimiram violentamente o movimento.

O passo seguinte dessa crise foi a união dos reformistas remanescentes, e de parte do poder imperial, com as seitas dos "Punhos Harmoniosos" ou Boxers. Visando evitar que o movimento revoltoso se voltasse contra a dinastia, o mandarinato o direcionou contra os estrangeiros, mas isso tornou ainda mais difícil a situação da monarquia. Ao mesmo tempo que se viu constrangida a apelar para as tropas estrangeiras esmagarem os Boxers, teve que fugir para Xian e entregar sua continuidade em mãos das potências capitalistas.

O que a salvou foram as discrepâncias sobre a melhor forma de exercer a dominação imperialista compartilhada sobre a China. Sem poder retalhá-la em colônias, aquelas potências permitiram o retorno da corte a Beijing, em troca de pesadas indenizações e novas concessões e privilégios. Desse modo, embora com todas as características tradicionais de rompimento do mandato dinástico, o declínio dos Qing colocava para a sociedade chinesa problemas que estavam além das soluções tradicionais.

Por um lado, ao incendiar as pradarias, as rebeliões camponesas estimulavam a luta das novas associações, ligas e agrupamentos surgidos nas cidades. Por outro, o esmagamento das reformas dos letrados e da rebelião Boxer, uma pelo conservadorismo monárquico, a outra pela ação conjunta de oito potências estrangeiras, empurrou os camponeses e as novas correntes sociais a suporem que o único caminho para resolver os problemas da China era um novo tipo de rebelião.

As expressões mais fortes dessa descoberta surgiram no livro *O exército revolucionário*, de Zou Rong, nas traduções de obras políticas e econômicas ocidentais, por Yan Fu, nas traduções de obras do realismo social europeu ocidental e russo, por Zhou Shuren (iniciador da moderna literatura chinesa, sob o nome de Lu Xun), e na organização da *Liga Revolucionária*, por Sun Yat-sen.

Zou Rong, em texto inflamado, de 1903, exigia assembleias eleitas, igualdade para as mulheres, liberdade de imprensa e reunião, e "independência revolucionária". Preso e condenado, Zou morreu na prisão em 1905. Nesse mesmo ano, Sun Yat-sen fundava sua Tung Menghui, ou *Liga Revolucionária*, utilizando-se das sugestões de Zou. Mas Sun, um médico oriundo de uma família rural relativamente pobre de Guangdong, que estudara no Havaí e Hong Kong e, no final de 1894, formara uma sociedade secreta denominada Xing Shunghui, ou *Regeneração da China*, combinava seus conhecimentos teóricos a uma incansável prática revolucionária.

Em 1895, ele tentou organizar rebeliões contra os Qing, em Guangdong, para instalar a forma republicana de governo. Suas atividades foram descobertas e vários de seus companheiros presos e executados. Para salvar-se, Sun fugiu para Hong Kong e, de lá, para o Japão, Estados Unidos e Inglaterra. Uma tentativa de raptá-lo e conduzi-lo à China para ser executado, realizada por membros da legação Qing em Londres, teve repercussão e deu-lhe notoriedade.

A partir de então, Sun ampliou suas atividades entre os chineses do Sudeste asiático e do Japão e transformou-se num revolucionário profissional. Em 1900, da mesma forma que Kang Youwei, em Hubei e Anhui, ele tentou levantar forças para unir-se aos Boxers, mas os objetivos de ambos eram opostos. Enquanto Kang pretendia fazer as reformas pela restauração do imperador e por uma monarquia constitucional, Sun queria derrubar a monarquia e instaurar a República democrática.

Em 1905, enquanto na China os comerciantes e a população realizavam um boicote aos produtos norte-americanos, no Japão Sun unificava grupos de estudantes chineses nacionalistas, republicanos, democráticos e socialistas em sua *Liga*. A monarquia, por seu turno, modernizava suas Forças Armadas, criando o *Exército Novo* e autorizando a eleição das assembleias provinciais, conforme promessa da imperatriz Cixi. Mas, apenas em 1909, em meio a conflitos por toda a China, foram escolhidas essas assembleias, que se tornaram novos focos de agitação e revolta contra a monarquia.

## Desagregação republicana

Em 1910 e 1911, uma série de rebeliões no *Exército Novo*, infiltrado pela *Liga Revolucionária*, e de proclamações republicanas e de independência das assembleias provinciais convergiu numa reunião de representantes de dezesseis províncias, em Nanjing (Nanquin), onde foi proclamada a República nacional. Embora Sun Yat-sen tenha sido eleito presidente, a *Liga Revolucionária* não possuía Forças Armadas para garantir seu governo contra os exércitos dos *senhores de guerra* do norte, comandados por Yuan Shikai.

Sem condições de enfrentá-los, Sun demitiu-se e entregou o governo provisório da República a Yuan Shikai, em 1912. Com isso, a revolução democrática, que derrubara a monarquia feudal, passou o poder político e militar a um grupo de *senhores de guerra* ligados à burguesia burocrática e às potências estrangeiras. O domínio *manchu* fora derrubado e o sistema político dinástico destruído, mas a dominação estrangeira e o sistema latifundiário permaneceram intocados.

Em 1914, Yuan Shikai manifestou seu apoio à guerra da Inglaterra e França contra a Alemanha e os impérios Austro-Húngaro e Otomano, enviou milhares de trabalhadores chineses para manter funcionando a máquina de guerra das potências europeias, impôs uma ditadura militar e tentou restaurar o império. Shikai morreu em 1916, sem poder enfrentar as resistências às suas pretensões. E deixou um vácuo de poder, sem que nenhum dos *senhores de guerra* conseguisse a hegemonia. A China transformou-se outra vez num mosaico de regiões relativamente autônomas e conflitantes.

A participação da China na Primeira Guerra Mundial, no entanto, suscitara expectativas nos círculos dominantes e na população. É certo que o Japão, no curso mesmo da guerra, apresentara suas 21 exigências à China e apossara-se das propriedades e concessões alemãs de Shandong. Mas os chineses acreditavam que a derrota da Alemanha, o desmoronamento dos impérios Austro-Húngaro, Otomano e tsarista, e a Revolução Russa levariam o imperialismo a mudar seu tratamento, revisando os tratados desiguais pelos quais submetiam a China.

Apesar dos esforços dos Estados Unidos para abrir o mercado chinês a todas as potências, e não somente àquelas que detinham concessões, Japão, Inglaterra e França mantiveram-se irredutíveis. E os Estados Unidos voltaram atrás, após o Japão apresentar seus acordos secretos com Yuan Shikai. Assim, a Conferência de Versalhes negou-se a considerar as demandas chinesas, levando a delegação da China a abandoná-la, em protesto.

Antes desse acontecimento, em 4 de maio de 1919, que desencadeou um grande movimento popular de repúdio em todas as suas cidades, a China já vivia intensa agitação contra o domínio estrangeiro. A guerra causara um certo afrouxamento, permitindo à burguesia chinesa desenvolver indústrias e elevar a produção e as exportações. A entrega das possessões alemãs ao Japão, pela França, Inglaterra e Rússia, suscitara uma onda de greves, boicotes e manifestações de rua, impondo a demissão dos ministros pró-nipônicos do governo republicano.

Essas novas formas de manifestação, trazendo à cena política uma série de novos atores sociais, como os estudantes, comerciantes, operários, mulheres, artesãos, sindicatos e associações civis, deram alguma musculatura à esquálida sociedade civil chinesa. Os conceitos difusos de povo e raça, antes tão comuns, passaram a ser criticados e os intelectuais foram instados a explicar as novas circunstâncias.

Como antes, Sun Yat-sen estava na vanguarda do processo. Exilado no Japão, ele trabalhou nos princípios que deveriam orientar sua ação revolucionária. Transformou sua *Liga Revolucionária* num partido, o *Guomindang* ou *Partido Nacional do Povo*, tendo por diretrizes seus Três Princípios do Povo: o nacionalismo (luta contra a dominação estrangeira), a democracia (redistribuição da propriedade da terra e Estado voltado para servir ao povo) e o bem-estar do povo (distribuição da renda e industrialização com participação do Estado). Ao desencadear-se o Movimento 4 de Maio, Sun passou a organizar o Guomindang no território chinês. Conseguiu tomar Cantão e instaurar a República do Sul da China.

Nesse momento, a China também vivia o impacto da Revolução Russa de 1917. O marxismo, como nova forma de explicar as mudanças capitalistas, passara a ser difundido entre os grupos revolucionários e fomentara a criação de círculos de estudo no interior do país e entre os chineses que estudavam em Paris e Tóquio. Em julho de 1921, um congresso de representantes desses círculos, realizado em Xangai, fundou o Partido Comunista da China, tendo como participantes Wang Jinmei, Deng Enming, He Shuheng, Dong Biwu, Chen Tanqin, Mao Zedong, Zhang Guotao e outros.

Eles proclamaram a adesão do novo partido à III Internacional Comunista, mostraram-se abertos a uma aliança com o Guomindang e adotaram como modelo a linha geral da Revolução Russa, isto é, revolução operária e aliança operário-camponesa, fundindo a revolução social à libertação nacional. Chen Duxiu, um professor universitário de Beijing e um dos principais introdutores do marxismo na China, foi eleito secretário geral do partido, mesmo não tendo participado do Congresso.

Os comunistas trabalharam arduamente na organização dos operários, chegando a desencadear uma onda de greves em 1922. Embora esmagada pelo *senhor de guerra* Wu Peifu, essa demonstração da força operária pareceu dar razão à maior parte da direção do PC, que enxergava nessa classe a força revolucionária fundamental. Aqueles comunistas, como Peng Pai e Mao Zedong, que dedicavam maior atenção ao movimento camponês e à revolução agrária, eram duramente criticados como "particularistas" e "provincianos".

Sun Yat-sen aproximou-se dos comunistas, manteve contatos com os movimentos socialistas europeu e japonês e estabeleceu relações com a jovem república soviética, que lhe enviou assessores para ajudar na organização do Guomindang e de seu exército. Dirigentes do Guomindang, que depois constituíram o núcleo militar da Academia de Whampao, foram enviados à União Soviética para estudar. Além disso, Sun associou aos anteriores Três Princípios do Povo (nacionalismo, democracia e bem-estar do povo) suas Três Grandes Políticas do Povo (cooperação com a União Soviética, proteção dos interesses dos operários e camponeses e cooperação com os comunistas).

## Primeira guerra civil

Nesse contexto, tornou-se viável a organização de um exército conjunto *nacionalista-comunista* para liquidar o domínio dos *senhores de guerra* do norte e implantar *a República democrática*. Em 1924, dirigentes do PC participaram do I Congresso Nacional do Guomindang e foram eleitos para seus órgãos dirigentes. A Academia Militar de Whampao, perto de Cantão, responsável pela organização do corpo expedicionário, tinha Chiang Kai-chek (Jiang Jieshi), do Guomindang, como comandante militar, e Zhu Enlai, do PC, como comissário político.

À morte de Sun Yat-sen, em março de 1925, seguiu-se uma disputa sucessória dentro do Guomindang, que atrasou a Expedição do Norte e culminou na escolha de Chiang Kai-chek como novo dirigente máximo. Mas o assassinato de manifestantes chineses, pela polícia dos enclaves estrangeiros de Xangai, em 30 de maio, fez explodirem revoltas populares, precipitando as operações expedicionárias.

Entre 1926 e 1927, o Guomindang e o PC conduziram a Expedição contra os *senhores de guerra* do norte, criando tendências conflitantes. *Senhores de guerra* do sul e de outras regiões, assim como parcelas crescentes da burguesia burocrática, aderiam ao Guomindang, mas reforçavam a posição daqueles que desejavam um acordo por cima com os latifundiários e os capitalistas estrangeiros para conquistar o governo central. Em contraposição, camponeses e trabalhadores urbanos também aproveitavam-se da passagem das tropas revolucionárias para organizar-se, executar a reforma agrária e exigir concessões dos patrões.

A essa altura, a direção do PC reconhecera o movimento camponês como força social importante. Organizara um departamento camponês e instalara uma escola para a formação de quadros rurais. Mao Zedong, indicado para dirigi-la, viu-se obrigado a pesquisar a realidade rural para preparar os cursos, descobrindo que grandes proprietários, pequenos proprietários, camponeses proprietários, camponeses semiproprietários, meeiros, camponeses pobres, trabalhadores agrícolas, artesãos e marginais possuíam posição social e condições de vida diferentes, o que influía na psicologia e na atitude de cada uma dessas categorias sociais diante da revolução.

Assim, quando realizou a investigação sobre o movimento camponês de Hunan, Mao Zedong já distinguia claramente as forças em luta e considerou a emergência daquele movimento um "evento colossal", que apontava três opções para os comunistas: marchar à frente dele e dirigi-lo; correr atrás dele, gesticulando e criticando-o; ou colocar-se em seu caminho, opondo-se a ele.

Mao fez um histórico das associações camponesas. Elas haviam passado por um processo de organização clandestina, que reunira de trezentos a quatrocentos mil camponeses. Depois, já com força própria, e em articulação com o Exército Expedicionário do Norte, haviam passado a uma atividade aberta, exigindo a reforma agrária e outros direitos. Nesse momento, reuniram cerca de dois milhões de camponeses. Daí em diante, realizaram ações revolucionárias, com ataques aos tiranos locais, às ideias e instalações patriarcais, aos funcionários corruptos e às práticas e costumes maléficos.

Desse modo, as associações tornaram-se os únicos órgãos com autoridade nas regiões rurais em que existiam. Assumiram a direção dos assuntos rurais, cassaram o direito à voz dos tiranos locais, forçando a fuga de muitos deles, e instituíram o registro populacional com apenas duas categorias: os honestos e os bandidos, ladrões e outros indesejáveis. Tendo os camponeses pobres como sua parte mais resoluta, as associações organizaram os camponeses e derrubaram o prestígio político e o poder econômico dos latifundiários.

Essa derrubada ocorria por diversos meios: pelo controle da contabilidade, da imposição de tributos e de contribuições para os famintos; pela organização de pequenos protestos contra os que ofendiam os camponeses e de grandes protestos contra os inimigos das associações; pela "coroação" dos latifundiários, colocando em suas cabeças chapéus altos em forma de cone e conduzindo-os em passeatas ao longo das aldeias; ou, ainda, pela prisão, banimento ou execução dos latifundiários tiranos e capangas cruéis.

Organizando suas milícias armadas, as associações esmagaram as Forças Armadas locais dos latifundiários e instituíram seu poder político, obrigando os magistrados da Justiça a consultá-las antes de adotar decisões. Com isso, deram fim às extorsões da polícia e dos fiscais e passaram a combater a submissão ao *tríplice sistema de dominação* ideológico feudal-patriarcal. Primeiro, ao *sistema estatal*, da autoridade política. Segundo, ao *sistema de clã*, da autoridade familiar, estruturada verticalmente, tendo no topo o templo ancestral central, no meio os templos ramificados intermediários, e na base os cabeças de família. E, terceiro, ao *sistema sobrenatural*, da autoridade religiosa, estruturada em dois mundos: o mundo inferior, com o Reino do Inferno e dos deuses maléficos das vilas e povoados, e o mundo celestial, com o Imperador do Céu e os vários deuses e espíritos celestiais.

Também passaram a combater o *quarto sistema*, da autoridade do marido, ao qual as mulheres estavam submetidas. As campanhas contra os latifundiários e contra as práticas e costumes maléficos, como os jogos de cartas, o *mahjong*, o ópio, a criação de porcos e aves (que reduziam os grãos), as festas suntuosas (com seus gastos desmesurados) e o banditismo, contribuíram para enfraquecer os sistemas de dominação. E a derrubada do poder econômico dava-se ainda por meio das proibições de exportar grãos para outras áreas, de aumentar as taxas de arrendamento e armazenagem e de cancelar os arrendamentos, e por meio da obrigatoriedade de redução dos juros e da organização dos camponeses em cooperativas de consumo, comércio e crédito, para evitar a subida dos preços e a especulação.

Estas passaram a construir estradas, consertar os diques e ampliar a educação. Criaram, desse modo, uma situação econômica, política e cultural nova nas áreas de ação das associações, edificando bases rurais de poder popular. Essa situação agravou os conflitos ideológicos e políticos no âmbito da aliança do Guomindang com o PC e também dentro deste.

Os comunistas consideravam importante manter a frente única para o sucesso da revolução democrática, ou democrático-burguesa. Mas, para reduzir as tensões na frente única, alguns, como Mao Zedong, supunham necessário reforçar as organizações camponesas e operárias e manter a independência de seus movimentos, enquanto outros, como Chen Duxiu, consideravam indispensável subordinar esses movimentos ao Guomindang. No Guomindang, enquanto alguns, como a Sra Soong Shinlin, viúva de Sun Yat-sen, achavam necessário prosseguir na aliança com os comunistas e levar adiante a revolução democrática, outros, como Chiang Kai-chek, defendiam o fim daquela aliança, a destruição do PC e o esmagamento dos movimentos populares.

No momento em que as tropas expedicionárias tomaram Hangzhou, Xangai e Nanjing, em março de 1927, esse conflito atingiu seu auge. Uma greve geral, em Xangai, havia colocado o poder em mãos das milícias operárias armadas, mas a direção central do PC ordenou que elas fossem desarmadas e o poder entregue ao Guomindang. Essa ordem, entretanto, em vez de reduzir as tensões na aliança *nacionalista-comunista*, abriu caminho para o golpe de Chiang Kai-chek. Com o apoio da burguesia burocrática, dos latifundiários, dos notáveis da antiga monarquia, dos traficantes e da burguesia estrangeira, Chiang comandou o massacre de milhares de comunistas e ativistas populares nessas e em outras cidades da China, levando à prática o que defendia dentro do Guomindang.

Foi assim que, embora os principais dirigentes comunistas não enxergassem com bons olhos as organizações e atividades camponesas e criticassem as propostas de Mao como *pequeno-burguesas e provincianas,* tiveram que refugiar-se nas bases rurais que condenavam. A resistência ao golpe de Chiang ocorreu apenas por meio de dois levantes, em agosto de 1927. O primeiro, o da Colheita de Outono, foi uma insurreição das milícias armadas camponesas de Hunan, sob a direção de Mao Zedong e Zhu De. O segundo, o de Nanchang, capital de Jiangxi, foi dirigido por Zhou Enlai, Ho Lung e Lin Biao, à frente de quarenta mil homens do Exército Nacional Revolucionário.

Ambos foram derrotados, mas isso não impediu que as forças remanescentes, uns trinta mil combatentes, conseguissem reunir-se na base guerrilheira das montanhas Chingqang, na região fronteiriça entre Hunan e Jiangxi, dando surgimento ao Exército Vermelho. Dessa forma, em sua maioria despreparado para o golpe dentro da frente única, o Partido Comunista da China viu-se compelido a transferir o centro de suas atividades das cidades para as zonas rurais. E inconsciente do significado dessa mudança, viu encerrar-se a primeira guerra civil revolucionária e ter início a segunda.

## Segunda guerra civil

Pensando haver consolidado seu poder com o golpe militar, Chiang Kai-chek procurou esmagar rapidamente o movimento camponês. Em muitas áreas rurais, os latifundiários assumiram o controle das milícias locais e voltaram-nas contra os revolucionários. Apesar disso, o Guomindang foi detido em sua ofensiva pelas próprias disputas internas.

No curso da revolução democrática, no Guomindang haviam se formado quatro bandos de novos *senhores de guerra*: o de Chiang e seu grupo de Whampao, o de Guangxi, o de Feng Yuxiang e o de Yen Xishan. Além disso, muitos dos velhos *senhores de guerra*, como Chang Zolin, continuavam fortes a ativos. Assim, durante 1928 e 1929, Chiang viu-se compelido a liquidar os velhos oligarcas latifundiários, instituir um conselho de Estado e mudar a capital de Beijing para Nanjing, antes de continuar sua ofensiva contra os comunistas e os movimentos populares.

Foi no curso desses acontecimentos que Mao Zedong desenvolveu algumas de suas teorias sobre a Revolução Chinesa. Entre 1928 e 1931 ele escreveu *Por que o poder vermelho pode existir na China?*, *A luta nas montanhas Chingqang*, *Sobre a correção das ideias incorretas no partido* e *Uma só faísca pode incendiar toda a pradaria*, que se tornaram uma súmula das divergências dentro do PC.

Sua tese fundamental era a necessidade de completar a revolução democrático-burguesa sob a direção do operariado, isto é, realizar a revolução nacional, liquidando o domínio do imperialismo e seus agentes (os *senhores de guerra*), e a revolução agrária, eliminando a exploração feudal sobre os camponeses. Embora essa tese fosse mais ou menos consensual dentro do PC, Mao introduziu nela conceitos estratégicos polêmicos. Defendeu a possibilidade de existência do *poder vermelho*, mesmo em pequenas áreas rurais, cercadas pelo *poder branco*, aqui entendido o poder dos *senhores de guerra*, do Guomindang ou não. Este seria um fenômeno único no mundo, só possível em virtude de razões muito especiais existentes na China.

Entre essas razões, ele listava o fato de a China ser um país economicamente atrasado, sob o domínio indireto, semicolonial, do imperialismo, e que vivia uma guerra dentro do próprio *regime branco*, com economia agrícola localizada (não uma economia capitalista unificada) e atingido por uma política imperialista de divisão em esferas de influência.

Mesmo assim, ele alertava que o *poder vermelho* só poderia sobreviver nas regiões afetadas pela revolução democrática de 1926-1927, onde as massas haviam se levantado em grande número, ou seja, em Hunan, Guangdong, Hubei e Jiangxi, onde haviam se formado as associações camponesas, e onde o Exército Nacional Revolucionário passara pelo treino político democrático, estivera sob a influência das massas populares e dera surgimento ao Exército Vermelho, como sua dissidência.

Segundo Mao, a evolução do *poder vermelho* em pequenas áreas rurais dependia da expansão da revolução democrática em escala nacional, da construção do Exército Vermelho como força regular, e da existência de um PC forte, com uma linha política correta. Por isso, ele sugeria que os comitês partidários e militares de Hunan-Jiangxi instalassem o *poder vermelho* nas montanhas Chingqang, onde havia um forte suporte popular e terreno favorável, evitassem o *nomadismo* e usassem suas forças regulares para construir Forças Armadas locais.

No caso dos confrontos contra as forças inimigas, Mao sugeriu que o Exército Vermelho só combatesse no momento oportuno e com unidades concentradas. Ele deveria evitar a dispersão de forças ou ser derrotado por partes. Sua política deveria avançar em ondas, consolidando a área *vermelha* antes de qualquer novo avanço, e só avançando após analisar a situação das classes dominantes. Segundo Mao, a derrota de 1927 se devera à falha em analisar que as classes dominantes haviam entrado num período de estabilidade temporária em seus conflitos. Quando tal situação ocorria, as forças revolucionárias poderiam avançar, mas com muito cuidado. Somente nos períodos em que as classes dominantes encontravam-se em conflito aberto, os revolucionários podiam avançar com audácia.

Apesar de haver obtido sucesso na construção da base *vermelha* nas montanhas Chingqang, e de Chen Duxiu ter sido destituído da secretaria geral pelos erros cometidos em 1927, essas opiniões e sugestões não foram consideradas. Mao chegou mesmo a ser afastado do comitê central do PC. As trocas de dirigentes na cúpula partidária e a transferência de muitos deles para as zonas rurais não haviam modificado a visão predominante sobre a Revolução Chinesa. Qu Quiubai, secretário-geral entre 1929 e 1930, tentou novas insurreições urbanas, fracassando em todas. A partir daí, o novo secretário-geral Li Lisan, em lugar de levantes urbanos, ordenou que as cidades fossem tomadas a partir do campo, com o uso do Exército Vermelho. Em outras palavras, as cidades continuavam no centro da estratégia comunista. As campanhas para conquistar Wuhan, Changcha e Nanchang falharam redondamente.

Esses ataques apressaram as *campanhas de cerco e aniquilamento* do *Guomindang* contra a base *vermelha* da região de Jiangxi-Fujian, então sob a direção política de Mao Zedong e militar de Zhu De. Nas duas primeiras campanhas, em 1930 e 1931, esses dirigentes utilizaram-se dos métodos de guerrilha. Quando o inimigo avançou, as tropas do Exército Vermelho recuaram, não se importando em defender o território. Seu objetivo era manter intactas as próprias forças. Quando o inimigo parou, cansado pelos movimentos *vermelhos,* estes também pararam para recuperar as energias. Quando o inimigo recuou, os *vermelhos* não travaram combates que pusessem em perigo suas próprias forças, mas avançaram e fustigaram as tropas inimigas. Finalmente, quando estas se dispersaram, o Exército Vermelho reuniu forças duas, três ou mais vezes superiores para derrotá-las por partes.

Embora naquela base tivesse sido fundada a República Soviética de Jiangxi, em 1931, e as *campanhas de cerco e aniquilamento* houvessem sido derrotas pelas táticas guerrilheiras, Mao e Zhu De foram destituídos de suas posições dirigentes. Em lugar do "guerrilheirismo" de ambos, foi implantada a linha "profissional" da guerra regular, ao mesmo tempo que muitas das unidades do Exército Vermelho receberam ordens para dispersar-se em pequenas unidades para ações nas zonas rurais.

Assim, enquanto o Guomindang intensificava a guerra civil na tentativa de liquidar os comunistas e o movimento camponês que lhes dava suporte, e os comunistas digladiavam-se entre diferentes linhas para levar avante sua revolução democrática, o Japão criou o Incidente da Ponte Marco Polo, em 18 de setembro de 1931, para justificar sua penetração na Mandchúria. Além de instaurar um governo fantoche nessa rica região, o Manchuquo, tendo à frente o último imperador Pu Yi, o imperialismo japonês mantinha sob domínio Taiwan, Qingdao e outras antigas concessões.

Para os comunistas, o Incidente de 1931 representava uma grave ameaça à existência da China como nação, mesmo semicolonial. Pelos planos já conhecidos dos militaristas nipônicos e pela evolução da situação mundial, eles nutriam poucas dúvidas sobre as intenções colonialistas do Japão. Colocaram-se, então, como missão primordial resistir à agressão japonesa, sugerindo a suspensão da guerra civil e uma aliança para enfrentar o Japão.

Chiang Kai-chek, no entanto, respondeu a essas preocupações cercando as bases de Hubei, Jiangxi e Fujian com casamatas e lançando as terceira e quarta *campanhas de cerco e aniquilamento*, em 1932 e 1934. Conseguiu derrotar as bases de Hubei, comandadas por Zhang Guotao, mas não as bases de Jiangxi e Fujian, onde Mao voltou a reincidir em suas táticas guerrilheiras e, dessa vez, foi destituído de toda e qualquer função dirigente. Desse modo, quando o *Guomindang* lançou a quinta campanha contra as regiões *vermelhas*, em outubro de 1934, a estratégia comunista estava unificada em torno da defesa de posições fixas.

O resultado foi uma derrota que colocou em perigo os trezentos mil homens do Exército Vermelho dessas áreas. A opção apresentada por Mao Zedong, Zhu De, Zhu Enlai, Lin Biao, Liu Shaoshi, Chen Yun e outros foi uma retirada estratégica para a base guerrilheira de Shaanxi, ao norte, não afetada pelas campanhas de Chiang. A direção do PC teve que aceitá-la.

No início dessa retirada, conhecida como a Grande Marcha, a direção do PC reuniu-se na localidade de Zunyi, província de Guizhou, em janeiro de 1935. Nessa reunião, Mao foi elevado à liderança política e militar do PC e do Exército Vermelho e suas estratégias e táticas formalmente aceitas. Seu primeiro grande desafio estratégico seria, sob perseguição constante das forças inimigas, chegar a Shaanxi. Depois disso, reorganizar o partido e o Exército Vermelho, e definir uma política de frente única contra o Japão. Nessa perspectiva, a retirada foi apresentada como um deslocamento estratégico para enfrentar as forças invasoras do Japão.

As tropas *vermelhas* atravessaram Jiangxi, Hunan, Guangxi, Guizhou, Yunan, Sichuan e Gansu. Em outubro de 1935, chegaram à localidade de Baoan, em Shaanxi, já sob a guarda das forças guerrilheiras locais, dirigidas por Gao Gang. Foram doze mil quilômetros, sob fogo e dificuldades constantes. Dos trezentos mil combatentes que partiram de Jiangxi, salvou-se um núcleo de trinta mil homens. Parte das perdas esteve relacionada com a decisão de Zhang Guotao de não aceitar as decisões de Zunyi. À frente de 2º Exército, desviou-se através das regiões ocidentais de Sichuan e Gansu, onde foi duramente atacado por tropas muçulmanas e tibetanas.

No final de 1936, as principais tropas do Exército Vermelho ocuparam Yenan, no altiplano de Loess, e construíram aí a nova base central da Revolução Chinesa.

## 3. Frente única bem chinesa

Antes da chegada a Yenan, os comunistas haviam lançado novo apelo para uma aliança nacional. Assinado pela Srª Soong Shinlin, viúva de Sun Yat-sen, e outras personalidades, o *Programa de Seis Pontos para a Resistir ao Japão e Salvar a Nação* propunha a suspensão da guerra civil e a unidade com os *nacionalistas*.

A ocupação de Liaoning, Jilin e Heilongjiang (Mandchúria), em 1931, seguida da instalação do governo Manchuquo, dera início à colonização japonesa da China. Posteriormente, o Japão avançara sobre Hebei, criando a Administração Autônoma Anticomunista, e apresentara ao Guomindang seus *Três Princípios de Relações com a China*, em que exigia a supressão dos movimentos antinipônicos, a cooperação econômica entre o Japão, a China e o Manchuquo, e um acordo de luta conjunta contra o comunismo.

O movimento patriótico, no entanto, também crescera. Em 1935, os estudantes de Beijing ignoraram as proibições e realizaram demonstrações, exigindo o fim da guerra civil e a resistência à agressão estrangeira. Diferentes classes sociais tomavam consciência da ameaça japonesa sobre a China e posicionavam-se ante as opções de resistir, render-se ou vacilar.

Os trabalhadores, camponeses e classes médias mostraram disposição de resistir. Os grandes latifundiários e a burguesia burocrática, por seu lado, haviam perdido o senso de nacionalidade e achavam a revolução pior do que a rendição. Entre esses dois polos, vacilavam a burguesia nacional e os setores dos pequenos e médios latifundiários e compradores. Queriam opor-se aos nipônicos, mas temiam a revolução.

Além disso, as outras potências imperialistas – França, Inglaterra e Estados Unidos – pretendiam manter o acordo de Washington, de 1922, que reservava a China como área de domínio conjunto. A decisão japonesa de colonizar a China rasgou esse acordo. Agravou as disputas entre elas e o Japão, permitindo à China unir-se a elas contra o Japão. Nesse contexto, uma frente única anti-imperialista não mais se dirigiria contra todos os imperialismos, mas unicamente contra o Japão. E os setores burgueses e latifundiários ligados àquelas potências poderiam incluir-se em tal frente.

## Construção

Em 1935, a iminência da invasão nipônica não era evidente para todos, mas os comunistas tinham certeza de que ocorreria. Para eles, o avanço sobre Hebei e os *Três Princípios* do ministro Hirota, a pretexto de combater o "banditismo comunista", eram parte dos preparativos para uma ofensiva geral. Portanto, a resistência à invasão japonesa deveria transformar-se em centro de todas as preocupações.

Predispostos a isso, os comunistas reiteravam sempre sua proposta de cessação da guerra civil e unificação contra os japoneses. Como condição, queriam a suspensão dos ataques às suas bases, liberdades e direitos para o povo e a adoção, pelos *nacionalistas*, de medidas para armar a população. Em maio de 1936, em telegrama ao Conselho Militar do Guomindang, o comando do Exército Vermelho tornou público que suas tropas haviam sido atacadas por mais de dez divisões *nacionalistas*, o que as impedira de enfrentar as forças nipônicas em Hebei, e insistiu na suspensão da guerra civil e na realização de negociações.

Durante 1936, o movimento estudantil e dos círculos culturais e jornalísticos estendeu-se a todo o país. Grandes greves antinipônicas sacudiram Xangai e Qingdao. Os *senhores de guerra* Li Qunggen e Bai Shungsi, de Guanxi, e Chen Shidang, de Guangdong, declararam-se contra Chiang Kai-chek, por sua pouca disposição de resistir ao Japão, e o Exército Vermelho penetrou no noroeste e assumiu a linha de frente da resistência.

Em novembro de 1936, tropas *nacionalistas* do Exército do Nordeste e do 17º Exército, comandadas pelos generais Chang Xueliang e Yang Hucheng, enfrentaram os nipônicos em

Suiyuan, articularam-se com o Exército Vermelho e insistiram que Chiang Kai-chek aceitasse a unificação. No entanto, Chiang Kai-chek estava mais interessado na guerra civil do que na defesa nacional. Recusou tais sugestões e tornou-se ainda mais ativo na "supressão" dos comunistas e da oposição. Em dezembro, foi a Xian enquadrar aqueles generais e reprimir as manifestações antijaponesas dos jovens da cidade. Mas seus próprios generais o prenderam, criando uma crise.

Essa crise era perigosa. Interessava aos japoneses porque, pelo grupo de apoio que possuíam no Guomindang, dirigido por Wang Xinguei, podiam advogar uma "expedição punitiva" contra os exércitos *rebeldes*, eliminar Chiang Kai-chek, justificar a continuidade da guerra civil e facilitar a invasão geral. Para os comunistas, a morte de Chiang apenas aprofundaria as divisões da nação e enfraqueceria sua capacidade de luta. Isso os levou a intervir nas negociações, enviando Zhu Enlai a Xian, e obter um acordo, mesmo verbal, entre Chiang Kai-chek e seus generais rebelados.

Chiang se comprometeu a atender "de forma resoluta" às condições apresentadas: retirar de Shaanxi e Gansu as tropas envolvidas na guerra civil, expulsar do Guomindang e do governo nacional os grupos pró-japoneses, anistiar os prisioneiros políticos, garantir liberdades para o povo, cessar a "supressão dos comunistas", aliar-se ao Exército Vermelho, convocar uma conferência nacional das forças dedicadas à salvação nacional e cooperar com os países simpáticos à resistência da China.

Apesar de os comunistas o haverem salvo da morte, Chiang Kai-chek, no entanto, protelou ao máximo o acordo entre os dois partidos. Após ser libertado, admoestou os generais rebeldes e denunciou o *Incidente de Xian* como uma "pressão reacionária". Em maio de 1937, os comunistas reiteraram concordar com o acordo de Xian. Cessariam qualquer movimento insurrecional, transformariam o Governo da Região Fronteiriça Shaanxi-Gansu-Ninxia em *Governo da Região Especial da República da China*, e transformariam o Exército Vermelho em parte do Exército Revolucionário Nacional.

Nada fora sacramentado quando, em 7 de julho de 1937, as tropas japonesas atacaram Luquochiao e atravessaram a Grande Muralha no rumo sul. No dia seguinte, os comunistas repetiram seus apelos. Mas Chiang estava sob uma tríplice pressão: dos que queriam capitular, dos vacilantes representantes da Inglaterra, Estados Unidos e França, e das manifestações populares, que defendiam a guerra. E só anunciou a decisão de resistir no dia 17. Fez o que os comunistas chamaram de "primeira declaração correta, em muitos anos, sobre as relações internacionais". Disse que, tendo a guerra sido iniciada, "cada pessoa, jovem ou velho, no norte e no sul, deve assumir a responsabilidade de resistir ao Japão e defender a pátria".

Mao Zedong afirmou que a declaração de Chiang, do dia 17, e a do PC, do dia 8, tinham em comum a decisão de travar uma resoluta guerra de resistência e opor-se a compromissos e concessões. Isso, porém, não impediu que o Guomindang continuasse a negociar e aceitasse os acordos de paz dos governos locais com os comandos nipônicos. Somente após o ataque a Xangai, em 13 de agosto, que obrigou a mudança da sede do governo para Chongqing e diante do enfrentamento do Exército Nacional contra a ofensiva nipônica, Chiang embarcou na guerra.

Manteve, no entanto, suas protelações. Em julho de 1937, havia reconhecido o *status* legal do PC e a cooperação bipartidária, mas apenas em setembro, quando a situação militar tornou-se crítica, deixou que fossem publicados os acordos. Os comunistas reconheciam o Governo Central e o Exército Nacional, dirigidos pelo Guomindang e por Chiang Kai-chek, enquanto estes aceitavam a incorporação do Exército Vermelho, na condição de 8º Corpo de Exércitos (ou 8º Exército da Rota) e 4º Corpo de Exércitos (ou Novo 4º Exército), permitindo que conservassem seus territórios e sua organização própria.

A partir daí, a Revolução Chinesa transformou-se em Guerra de Resistência Antijaponesa. E o conflito armado entre o Guomintang e o PC transformou-se numa frente única armada contra o inimigo estrangeiro. Porém, as estratégias do

Guomindang e do PC não foram idênticas. E as do Japão, em relação a ambos, também se distinguiram consideravelmente.

## Estratégias japonesas

O objetivo do Japão consistia em subjugar a China e transformá-la numa colônia. Isso fazia parte do plano, mais vasto, de expulsar as potências ocidentais da Ásia e consolidar-se como único imperialismo na região. Contando com as matérias-primas e a mão de obra dos países colonizados, o Japão poderia realizar seu desenvolvimento industrial e ombrear-se com as potências europeias e os Estados Unidos.

Para concretizar seu plano expansionista, o Japão contava com Forças Armadas modernas: marinha de guerra poderosa, aviação de combate eficiente e exército terrestre altamente treinado. Seus oficiais e soldados tinham alto grau de organização e autoconfiança, e um baixo conceito de seus adversários. Também possuíam a crença supersticiosa no Micado e em seus seres sobrenaturais, tradições nacionais que serviram de base a uma prolongada doutrinação militarista e racista, que os tornou arrogantes e capazes de ações audaciosas.

Eram pontos fortes que continham fraquezas de difícil superação. A população do Japão era relativamente pequena, o que obrigava o país a subjugar outros povos com a utilização de colaboracionistas nativos para o trabalho político-governamental e para as atividades militares. O que contrariava o conceito que nutriam em relação a tais povos, podendo resultar em impacto negativo no moral de suas tropas, se a resistência fosse acima do esperado e impusesse-lhes derrotas em batalha.

Desdenhando essas fraquezas e a capacidade de resistência dos chineses, o comando nipônico planejou uma guerra de decisão rápida, com apenas dois grupos de exércitos ou doze divisões. Em 1937 e 1938, dirigiu seu ataque somente contra as tropas *nacionalistas*, desprezando as guerrilhas comunistas e suas bases de apoio. Também concentrou suas ações nos aspectos militares, deixando de lado os aspectos políticos. Desse modo, foi tomado de surpresa pela resistência do 8º Exército, sediado em Shaanxi. Seu planejamento de rápida decisão desmoronou e, após a tomada de Wuhan, em 1938, teve que mudar de estratégia.

Os japoneses deram-se conta de que os trinta mil homens do 8º Exército, com seus ataques aos flancos e à retaguarda de suas tropas, causavam muito mais danos do que as defesas frontais dos numerosos exércitos do Guomindang. Elevaram, então, de doze para trinta o número de suas divisões, concentraram seus ataques contra os comunistas e dedicaram atenção às ações políticas que visavam à capitulação do Guomindang.

Essa mudança de estratégia não detém, porém, o crescimento das forças comunistas entre 1938 e 1940. Isso obrigou os japoneses a adotarem, em 1941, a política de "queimar tudo, matar tudo, pilhar tudo", durante sua ofensiva contra as bases do 8º Exército. Com isso, conseguiram reduzir a população das áreas sob influência das guerrilhas para cinquenta milhões e o 8º Exército para trezentos mil homens. Também eliminaram um número considerável de quadros do Partido Comunista e deterioram a economia e as finanças daquelas áreas. Apesar de tudo, não obtiveram uma vitória decisiva.

Também não tiveram sucesso em obter a rendição pactuada. Cooptaram vinte membros do Comitê Central Executivo do Guomindang, para organizar governos títeres a serviço do Japão. Obtiveram a deserção de 58 generais do Exército Nacional, que transformaram suas tropas em forças chinesas títeres. Jamais tiveram necessidade de fazer uma declaração formal de guerra à China. Porém, apesar de tudo isso, não alcançaram o objetivo de levar o Guomindang à capitulação e isolar os comunistas.

As dificuldades do Japão cresceram a partir de 1943. As tropas comunistas tinham aprendido a derrotar a política de "queimar tudo, matar tudo, pilhar tudo", e os norte-americanos haviam passado à contra-ofensiva no Pacífico. Os nipônicos tinham que abrir, a qualquer custo, o tráfego ferroviário Beijing--Hangzhou e Hangzhou-Cantão, vias guardadas pelas tropas *nacionalistas*. Para tanto, reduziram seus contingentes concentrados contra os *vermelhos* (60% do total) e deslocaram tropas para uma ação decisiva contra os *nacionalistas*. Com cerca de sessenta mil homens, aniquilaram metade dos quatrocentos mil homens dos exércitos do Guomindang.

Essa ação tornou ainda mais difícil qualquer política capitulacionista ou *pacifista* e dificultou os esforços do Japão, durante 1944 e 1945, para obter uma paz em separado. Esforços que se esboroaram totalmente quando as tropas soviéticas, após a vitória contra o nazismo na Europa, cumpriram os acordos de Potsdam e lançaram sua ofensiva na Mandchúria, em agosto de 1945.

Estratégias nacionalistas

Na China, os únicos que pretendiam capitular ao Japão eram os grandes latifundiários e os burgueses burocratas associados ao imperialismo nipônico. Os grandes latifundiários e compradores ligados aos franceses, ingleses e norte-americanos vacilavam entre a rendição e a resistência. Isso explica, em parte, a dubiedade dos *nacionalistas*, mesmo após o acordo para a Guerra de Resistência Antijaponesa.

Os colaboracionistas notórios haviam passado para o lado japonês. Mas, no Guomindang, conviviam setores com diferentes atitudes ante o Japão. Os pró-japoneses desejavam a guerra civil. Entre os antijaponeses, havia os que queriam combater os japoneses e os comunistas, os que pretendiam enfrentar os japoneses sem aliar-se aos comunistas e os que defendiam uma guerra unificada contra o Japão. Diante disso, a transição de uma resistência parcial, levada a cabo apenas pelos comunistas e pelos *nacionalistas* favoráveis à guerra, poderia desenvolver-se tanto na direção de uma guerra total quanto na direção da capitulação, ou da coexistência entre capitulação e resistência.

Em 1938, quando o comando japonês mudou sua estratégia, os *nacionalistas* também mudaram sua política de resistência ativa para resistência passiva. Chiang Kai-chek adotou a tríplice política de negociar com os japoneses, criar *fricções* com os comunistas e resistir passivamente aos nipônicos. Isso foi facilitado, em parte, pela vacilação da Inglaterra e dos Estados

Unidos diante dos japoneses, que se aproveitaram para espalhar rumores sobre um acordo de paz.

Em 1939 os rumores transformaram-se em grande controvérsia. Os favoráveis à paz com o Japão diziam que "fazer a paz é sobreviver; lutar é correr perigo". Supunham os japoneses dispostos a retirar-se dos territórios ocupados. Chiang Kai-chek declarou que "levar a Guerra de Resistência até o fim" significava "restaurar o *status* anterior ao Incidente de Luquochiao". Aceitaria um acordo se o Japão se retirasse para o norte e mantivesse ocupadas apenas as províncias do nordeste.

Com essa perspectiva, os *nacionalistas* espalharam notícias e documentos incriminadores contra o Partido Comunista e ampliaram o uso da *fricção*, um tipo de ação praticada durante a cessação da guerra civil e transformação das guerrilhas em unidades do Exército Nacional. Naquela ocasião, utilizando-se das negociações com as guerrilhas de Jiangxi, Fujian, Guangdong, Hunan, Hubei, Henan, Zhejiang e Anhui, que formariam o novo 4º Exército, Chiang cercou mais de mil guerrilheiros de Ho Ming, desarmou-os e aprisionou-os.

Em junho de 1939, o 27º Exército cercou o Escritório de Ligação do 4º Exército, em Pingqiang, matando vários oficiais e soldados. *Fricções* desse tipo continuaram nos anos seguintes. No início de 1941, quando o Japão se lançou contra os comunistas para "queimar tudo, matar tudo, pilhar tudo", Chiang ordenou ações, não contra os japoneses, mas contra os comunistas. Emitiu ordens contraditórias de desmobilização e deslocamentos do 4º Exército, ao mesmo tempo que ordenou ataques contra os contingentes em marcha. Mais de nove mil soldados do 4º Exército foram mortos e feridos, e seu próprio comandante foi aprisionado.

As *fricções* tiveram, porém, que ser reduzidas em 1942 e boa parte de 1943. O ataque do Japão a Pearl Harbour mudou os cenários em que os capitulacionistas se moviam. Nesse período, as principais tropas *nacionalistas* retiraram-se para a Grande Área de Retaguarda, nas montanhas Omei, no Sichuan. Tendo "subido as montanhas para assistir à luta dos outros", Chiang pôde escrever seu *O destino da China,* no qual enfatizou sua oposição ao comunismo e às ideias liberais, descarregou sobre o PC a culpa pelos dez anos de guerra civil, alcunhou os comunistas e os 4º e 8º Exércitos de "militaristas" e "separatistas de novo tipo", e prometeu liquidá-los em dois anos. Assim, a estratégia de *fricções* com os comunistas foi reafirmada com vigor.

Do ponto de vista prático, três corpos de exércitos de Chiang – os 34º, 37º e 38º – guarneciam o noroeste. Dois deles cercavam a região fronteiriça onde ficava a principal base comunista, enquanto apenas um defendia a linha do Rio Amarelo contra os japoneses. Em julho de 1943, Chiang deslocou mais dois dos exércitos desse grupamento para atacar aquela região e planejou uma série de outras *fricções,* frustradas pelo desastre *nacionalista* ante a ofensiva japonesa contra as ferrovias norte-sul.

Apesar disso, o empenho do Guomindang em criar incidentes e romper a frente única não diminuiu. Aproveitando-se da dissolução da Terceira Internacional Comunista, também em 1943, Chiang acusou o PC e os 4º e 8º Exércitos de "sabotarem a Guerra de Resistência e ameaçarem o Estado" e exigiu a sua dissolução e a abolição do regime "separatista" da região fronteiriça. E, apesar da disposição dos EUA de impor uma "rendição incondicional" ao Japão, Chiang manteve contatos secretos com representantes nipônicos no final de 1944, ao mesmo tempo que lançava mais de setecentos mil homens contra as bases comunistas.

Até a expulsão final do Japão, o Guomindang teve como política ser "ativo contra os comunistas" e "passivo contra os japoneses". Esperava que os comunistas saíssem tão enfraquecidos que fossem incapazes de suportar uma nova guerra civil. Além disso, não mudou suas políticas ante os camponeses, operários e setores médios da população. Manteve o sistema latifundiário e suas taxas de arrendamento e procurou ampliar os lucros das burguesias burocrática e estrangeira, mesmo que isso aumentasse o descontentamento dos trabalhadores. E jamais reduziu sua repressão contra os estudantes e intelectuais, mesmo quando estes tentavam realizar mobilizações estritamente patrióticas.

Finalmente, o Guomindang também não modificou seus métodos de recrutamento para o Exército Nacional. Detinha as pessoas indiscriminadamente e transformava os detidos em soldados, embora permitisse a liberação daqueles que possuíam dinheiro para pagar substitutos ou subornar oficiais. Quando os exércitos nipônicos entraram em retirada, Chiang ordenou a transformação das tropas títeres em contingentes do Exército Nacional, para poder espalhá-las por todo o território no momento oportuno. Nessas condições, seus três milhões de homens, no imaginário popular chinês, não passavam de cestas frágeis de ovos. Bastava um baque para que se quebrassem.

Estratégias comunistas

Os comunistas tinham como estratégia evitar que o governo *nacionalista* aceitasse capitular, minasse a resistência contra o Japão e rompesse a frente única. Em razão disso, conclamaram todas as Forças Armadas chinesas, inclusive o Exército Vermelho, a apoiarem a declaração de Chiang Kai-chek, em julho de 1937, de "assumir a responsabilidade de resistir ao Japão e defender a pátria".

Em seu *Programa de Dez Pontos*, propuseram que os *Três Princípios do Povo*, de Sun Yat-sen, fossem a base da unidade nacional. Propuseram, ainda, combinar a guerra regular com a guerra de guerrilhas, dar liberdade ao movimento patriótico, fazer a reforma democrática do governo, expulsar os traidores e colaboradores, confiscar as propriedades japonesas, concluir alianças com a União Soviética, Inglaterra, Estados Unidos e França, realizar um programa imediato para melhorar as condições de vida do povo e instituir uma educação e uma propaganda voltadas para a defesa nacional.

Para os comunistas, não havia incompatibilidade entre seus princípios e os Três Princípios do Povo. Segundo eles, não estavam maduras as condições materiais para os princípios comunistas. Sua tarefa consistia em resgatar o espírito revolucionário de Sun Yat-sen, consolidar a frente única e realizar a revolução nacional e democrática. Quanto à resistência ao Japão, opinavam que o Exército Nacional era de velho tipo, incapaz de defender o país. Mas o Exército Vermelho, embora de novo tipo, não seria capaz de fazer isso sozinho. Poderia apenas ser a vanguarda, a exemplo do que vinha fazendo o 8º Exército, com sua combinação de guerra de guerrilhas e guerra regular.

Consideravam estratégico armar e organizar todo o povo para desintegrar as forças inimigas. Para tanto, seus próprios exércitos realizavam trabalho de educação política, pelo qual pretendiam obter uma disciplina consciente, fazer de cada soldado um ativista político e transformar as pessoas do povo em combatentes. Nas relações entre oficiais e soldados, proibiam qualquer abuso contra os soldados e, nas relações do exército com o povo, proibiam qualquer violação dos interesses do povo e o mau tratamento aos prisioneiros.

Suas *Três Principais Regras de Disciplina* (obedecer às ordens em todas as ações, não tomar uma simples agulha ou linha de coser das massas e entregar tudo o que for capturado) e seus *Oito Pontos de Atenção* (falar polidamente, pagar estritamente tudo que comprar, devolver tudo que tomar de empréstimo, pagar por tudo que danificar, não agredir ou golpear as pessoas, não danificar as plantações, não tomar liberdades com as mulheres e não tratar mal os prisioneiros) eram não só orientações de comportamento, mas pontos vitais de educação política.

Após a queda de Xangai e Taiwan, no final de 1937, os comunistas avaliaram que o tipo de guerra regular praticada pelo Guomindang fracassara. A partir de então, as guerras de guerrilha e de movimento teriam que ser as principais. Wang Ming, representante na Internacional Comunista, contestou essa suposição. Considerou possível aos comunistas retornar às cidades, de forma aberta e legal, para mobilizar as massas populares e resistir aos japoneses, juntamente com os exércitos regulares do Guomindang. Mas, em 1938, essa divergência foi resolvida pela batalha de Wuhan, quando o próprio Wang Ming tentou colocar em prática tal proposta e sofreu uma derrota total.

Coube ao 8º Exército demonstrar a viabilidade de combinar guerra de guerrilhas e guerra de movimento e derrotar os japoneses no campo de batalha, quebrando sua autoconfiança e arrogância. Nesse sentido, o tratamento dos prisioneiros merecia atenção especial. O orgulho dos soldados e oficiais aprisionados não era ferido. Em vez de serem maltratados, os prisioneiros eram tratados com leniência, sendo mostrado a eles o caráter criminoso da guerra contra a China. Finalmente, após lembrados que o povo chinês era capaz de travar batalhas de aniquilamento com sucesso, eram libertados, criando uma situação inusitada para o comando nipônico.

Assim, jogando com a força e as fraquezas do exército japonês, os comunistas o forçaram a aumentar seus efetivos na China. Colocaram em tensão sua escassez de recursos humanos e levaram o Japão a manter grandes contingentes no cerco estratégico aos 4º e 8º Exércitos. Com essa política, no final de 1940, os trinta mil combatentes iniciais do 8º Exército haviam passado para quinhentos mil, os quarenta mil membros do PC subiram a oitocentos mil, e a população das bases de apoio chegou a cem milhões.

As estratégias comunistas tiveram impacto sobre os intelectuais e estudantes das cidades ocupadas pelos japoneses. Uma parte deles migrou para Kunming, no Yunan, onde a repressão do Guomindang não chegava tão fortemente. Outra parte atendeu ao apelo comunista, venceu as dificuldades da travessia e dirigiu-se para Yenan, que se transformou numa das capitais da Guerra de Resistência. Milhares de pessoas, das mais diferentes classes sociais, desejosas de incorporar-se ao movimento antijaponês, afluíram para lá. Ampliaram os recursos humanos dos comunistas, mas também criaram novos problemas de ordem ideológica, política, militar e econômica.

A maioria delas não havia passado pela experiência da guerra civil, nem da Grande Marcha. Apresentava visões diferentes a respeito da Guerra de Resistência, muitos considerando desnecessárias políticas diferentes, desde que se estabelecera a aliança com o Guomindang. Diversificaram-se as opiniões a respeito dos métodos de direção, democracia, assuntos militares, cultura, trabalho econômico e outros temas. Dentro do 8º Exército, muitos queriam livrá-lo da liderança do PC. Alguns de seus oficiais orgulhavam-se de estar no Exército Nacional e queriam aplicar os métodos *nacionalistas* nas relações oficiais-soldados e militares-povo. Outros não viam mais necessidade dos métodos da guerrilha, desde que possuíam um exército regular. A teoria de que "as armas decidem tudo" espraiou-se.

Unificar as políticas da Guerra de Resistência tornou-se vital por volta de 1942, após as perdas com a ofensiva japonesa de "queimar tudo, matar tudo, pilhar tudo". Sem uma ação política unificada, seria muito difícil superar as dificuldades. Essa foi a razão da Campanha de Retificação, visando retificar o estilo de estudo, as relações internas e externas e o estilo de escrita. Segundo as diretivas do PC, a questão central residia em aprender com os erros do passado para evitá-los no futuro ou, metaforicamente falando, *curar a doença para salvar o paciente.*

Desde 1936, Mao Zedong dedicava atenção a tais questões. Seus trabalhos "Problemas de estratégia na guerra de Resistência ao Japão", "Sobre a prática" e "Sobre a contradição", dirigiam-se contra o dogmatismo e o empirismo no trato da situação criada pela expansão japonesa. Nos trabalhos de 1938 a 1940, ele voltou a discutir a guerra de guerrilhas, a liderança do PC e a natureza da frente única, combatendo a esperança na guerra regular e, mais ainda, na força do Guomindang, e a subestimação da guerra de guerrilhas. Esta demonstrara ser o único método de um país fraco enfrentar com sucesso um país forte. E, no caso da China, era o único método capaz de incorporar as grandes massas do povo, o fator decisivo na guerra contra o Japão.

Mao argumentava que a Guerra de Resistência seria prolongada. Durante a Campanha de Retificação, ela encontrava-se em defensiva estratégica e possuía dois diferentes tipos de exércitos regulares, unidades de guerrilha, bases de apoio e áreas libertadas, um tipo sob a direção dos comunistas, outro sob o Guomindang. A questão-chave consistia em coordenar esses diferentes aspectos. Primeiro, travando batalhas de decisão rápida no contexto da guerra prolongada e ações ofensivas no contexto da defensiva estratégica. Depois, coordenando a guerrilha com a guerra regular, estabelecendo novas bases de apoio, levando os exércitos regulares a aplicar métodos de guerrilha e desenvolvendo a guerra de guerrilha em guerra de movimento.

Além disso, para ele a guerra contra o Japão não era apenas militar, mas também e principalmente política. Ela englobava a ampliação da frente única, que não poderia ficar restrita aos dois principais partidos e deveria ter como centro a democratização do país. Englobava ainda a mobilização das grandes massas, a abolição dos impostos e taxas exorbitantes, o adiamento da reforma agrária e a redução das taxas de arrendamento, a restrição à usura, a elevação dos salários dos trabalhadores, a melhoria da situação dos soldados, oficiais e suas famílias, e assim por diante. Questões que o exército só poderia tratar adequadamente sob a direção de um partido com uma linha política conveniente.

A aliança com o Guomindang e as *fricções* provocadas por ele envolviam questões militares e políticas. A "unificação do país", para Mao, tinha como base a resistência antijaponesa, a unidade entre as forças patrióticas e o progresso democrático. Os comunistas deviam se opor, então, às *fricções*. Porém, se atacados, deviam contra-atacar, conforme o tipo de ataque, político ou militar, e agir nos limites da autodefesa, como fizeram nas campanhas anticomunistas de 1939, 1940 e 1941. Frente única não era aliança sem luta, nem luta sem aliança, sendo necessário combinar aliança e luta. Nessa política dual, era possível unir-se aos anticomunistas para a resistência antijaponesa, mas isolá-los quando combatessem os patriotas. Mesmo em relação aos pró-japoneses e traidores, devia-se combatê-los enquanto mantivessem seu colaboracionismo, mas trazê-los para perto e ganhá-los quando vacilassem.

Mao aconselhava usar as contradições para ganhar a maioria, opor-se à minoria e derrotar os inimigos um a um. Os comunistas distinguiam, então, o imperialismo japonês dos demais imperialismos, e os aliados dos japoneses dos que se opunham ao Japão. Estabeleceram relações com os militares norte-americanos do general Stilwell e esforçaram-se em conquistar os latifundiários para a frente única. Suspenderam as medidas de reforma agrária nas bases de apoio, mas negociaram a redução dos arrendamentos, do tamanho das propriedades e das cargas sobre os camponeses. O programa de reforma agrária ficou limitado às terras expropriadas dos que colaboravam com os japoneses. Ao mesmo tempo, os camponeses participaram nos governos locais, baseados no *sistema dos três terços*, na realização de eleições e na construção de instituições democráticas.

No esforço para desenvolver a indústria e a agricultura das áreas libertadas e promover a circulação de mercadorias, os comunistas encorajaram os capitalistas a transferir suas empresas para lá. Davam garantias às empresas privadas e evitavam que as empresas estatais fossem a única economia daquelas áreas. O *slogan* "Melhores tropas e administração mais simples", proposto por Li Dingming, um latifundiário, foi adotado como eixo para superar a crise causada pela ofensiva japonesa. As tropas passaram a realizar trabalho produtivo, em articulação com as tarefas militares. E as autoridades dedicaram-se à economia e aos suprimentos, considerando em pé de igualdade os interesses públicos e privados, assim como os militares e civis.

Paralelamente, ganhou amplitude o debate em torno do estilo de escrita e dos métodos de direção. Muitos intelectuais escreviam segundo o estilo dos *ensaios de oito pernas,* do período imperial. Estes tinham, invariavelmente, uma estrutura de oito partes, com apresentação, amplificação, exposição preliminar, argumento inicial, parágrafo introdutório, parágrafo intermediário, penúltimo parágrafo e parágrafo conclusivo. Além disso, cada um dos quatro últimos parágrafos tinha *duas pernas*, ou duas antíteses, derivando daí o termo *ensaio de oito pernas*. O resultado era uma verborragia, incompreensível para a maioria da população, e um formalismo estereotipado, que desconsiderava os conhecimentos das massas populares.

Mao defendia a necessidade de partir das ideias das massas, dispersas e não sistematizadas. Deviam-se, então, analisar tais ideias, sintetizá-las e sistematizá-las, fazendo-as retornar às massas. Só dessa forma as massas as tomariam como suas e as transformariam em ações. Nessa prática seria testada a correção das ideias, investigadas as novas ideias surgidas e refeito todo o processo de análise, síntese, sistematização, retorno às massas, propagação, ação etc. Em outras palavras, "das massas para as massas", esse o estilo e o método para relacionar-se com o povo, corrigir as ideias incorretas e transformar as ideias corretas em feitos materiais.

Assim, no final de 1943, após superar as ofensivas japonesas, os comunistas haviam recuperado suas forças. A população das áreas libertadas chegara a oitenta milhões, o número de membros do PC a novecentos mil, os contingentes dos 4º e 8º Exércitos a 470 mil e os participantes das milícias populares a 2,27 milhões. No início de 1944, os comunistas intensificaram seus preparativos para contra-atacar e empurrar as tropas nipônicas no rumo do Rio Yalu. Aprendiam a trabalhar nas grandes cidades e ao longo das linhas de comunicação, realizando uma mudança em sua estratégia. Elevavam o trabalho nas cidades ao nível do trabalho nas zonas rurais, com o objetivo de organizar insurreições urbanas contra os japoneses e capacitar-se a administrar a indústria, o comércio e as comunicações urbanas.

Ao preparar essa virada estratégica, *emancipando suas mentes* para os novos desafios, os comunistas também exigiram do Guomindang um ajuste nas relações entre os dois partidos. Solicitaram a imediata instauração de um governo constitucional democrático e livre, a abolição da ditadura fascista de *um partido, uma doutrina e um líder,* e a convocação de uma assembleia nacional eleita pelo povo. Como resposta, o Guomindang intensificou as *fricções* e ofereceu, quando a guerra terminou, em 1945, a participação num Comitê Tríplice, integrado ainda por um representante dos EUA, para convocar uma *Assembleia Nacional* e "reorganizar" as Forças Armadas... comunistas. O espectro de uma nova guerra civil voltou a pairar sobre a China.

## 4. Ainda sob fogo

O ano de 1945 foi de grandes acontecimentos. Em março, o Guomindang exigiu que os comunistas depusessem as armas para obter o *status* de partido legal. Em abril, o PC realizou seu VII Congresso Nacional, reafirmou sua oposição a nova guerra civil, mas declarou que manteria suas armas se seus inimigos continuassem com as suas engatilhadas. Em maio, terminou a guerra na Europa, com a derrota nazista. Em julho, os Aliados acertaram, na Conferência de Potsdam, que a guerra na Ásia continuaria até a rendição incondicional do Japão, e a União Soviética declararia guerra aos japoneses e enviaria suas tropas à Mandchúria, para cortar a retirada do Kwanton, o principal exército e reserva estratégica do Japão.

Enquanto esses acertos eram feitos, o Guomindang lançou três de seus exércitos contra a região de Yenan. Apesar disso, em agosto, diante do colapso japonês, o comandante do 8º Exército, Zhu De, determinou que suas unidades atacassem as linhas de comunicação e compelissem as tropas nipônicas e os exércitos títeres na Mongólia Interior e no nordeste da China a render-se mais rapidamente.

O quartel-general do Guomindang tachou as ordens de Zhu De de "ilegais" e ordenou ao 8º Exército "que permanecesse onde estava, aguardando ordens posteriores". Ao mesmo tempo, porém, instruiu "os oficiais e homens das várias zonas de guerra a elevar seus esforços e, de acordo com os planos militares e ordens existentes", avançar ativamente, sem "o mais leve relaxamento".

Diante de ordens tão contraditórias, as tropas comunistas do 8º Exército mantiveram sua ofensiva. Nas últimas duas semanas de agosto, recuperaram 59 cidades, ocuparam grandes áreas rurais do norte e nordeste, cortaram as ferrovias que ligavam essas regiões ao centro e ao sul da China, e aprisionaram razoável número de tropas nipônicas e títeres. Assim, quando o Japão se rendeu, em 26 de agosto, as relações entre o Guomindang e o PC estavam em processo de deterioração e o perigo de nova guerra civil tornara-se extremamente grave.

## Paz e guerra

O Guomindang tinha pela frente uma situação bem diferente de 1927, quando rompeu a frente única com os comunistas por meio de um golpe militar sangrento. No segundo semestre de 1945, estava com suas principais tropas, com cerca de dois milhões de homens, na Grande Área de Retaguarda do sudoeste e noroeste, onde viviam duzentos milhões de pessoas. Mantinha-as como reserva e praticamente não possuía nenhum trabalho subterrâneo nas regiões até então ocupadas pelos japoneses.

Os comunistas, por seu lado, possuíam dezenove Áreas Libertadas, com um milhão de quilômetros quadrados e cem milhões de habitantes, em dezenove províncias do nordeste, leste, centro e sul da China. Além disso, haviam organizado extensas forças subterrâneas entre os 160 milhões de habitantes das zonas antes ocupadas pelos japoneses. E possuíam mais de um milhão de homens organizados nos exércitos regulares e mais de dois milhões em milícias armadas.

Eles tinham visto com desconfiança a estratégia *nacionalista* de olhar das montanhas, com as armas ensarilhadas, a luta deles contra os invasores japoneses. Em sua opinião, Chiang Kai-chek preservara as próprias forças para nova guerra civil. Quando a vitória contra o Japão se apresentasse, ele desceria do monte Omei e tentaria usurpar seus frutos. Não esqueciam o golpe de 1927, os dez anos de guerra civil, nem as três campanhas militares desfechadas contra suas áreas, entre 1939 e 1943. E avaliavam que a paz interna e a construção da nova democracia estavam em perigo.

Tinham consciência, porém, de que grande parte da população, principalmente a que vivia nas regiões ocupadas pelo Japão e na Grande Área da Retaguarda, nutria ilusões nas intenções do Guomindang, não acreditando que este pretendesse dar continuidade a seu governo ditatorial. Ou que os Estados Unidos quisessem substituir o Japão na dominação imperialista sobre a China. Para pôr à prova as verdadeiras intenções de Chiang, o PC advogou um governo de coalizão em bases democráticas.

Chiang respondeu com a proposta de negociações de paz. Havia reforçado suas posições e confiava dobrar os comunistas. Recuperara Xangai, Nanjing e outras grandes cidades. Reabrira as comunicações marítimas, tomara as armas das tropas japonesas rendidas e incorporara as tropas títeres a seu exército. E contava com os Estados Unidos. Apesar disso, enfrentava dificuldades. O povo chinês opunha-se à guerra civil e dentro do Guomindang havia setores contrários a uma nova guerra interna. A proposta de negociações visava superar tais dificuldades, fazendo cair sobre os comunistas a responsabilidade pelo novo conflito.

Chiang tinha que ganhar a guerra política para ter sucesso na militar. Para evitar isso, os comunistas enviaram a Chongqing, para negociar a paz, Mao Zedong, Zhu Enlai e Wang Jofei. Sabiam que Chiang demandaria a redução drástica das Áreas Libertadas e dos exércitos do PC, e a paralisação da impressão de dinheiro. E que, sem concessões nesses temas, não colocariam a nu suas verdadeiras intenções, nem o levariam a aceitar a paz. Assim subordinaram-se às negociações na perspectiva de conquistar a opinião pública chinesa e mundial, e recuperar a iniciativa política. Se o Guomindang, apesar das concessões, perseverasse nos planos da guerra civil, ele próprio mostraria sua falsidade aos olhos de todos.

Entre os comunistas, porém, havia resistência às concessões. Muitos não entendiam por que teriam que ceder áreas para cuja construção deram não apenas seu suor, mas também seu sangue. Nem por que teriam que cortar suas Forças Armadas para 48 divisões, ou menos, se o Guomindang conservaria forças várias vezes superiores.

Foi preciso empenho dos dirigentes do PC para explicar os motivos das concessões. As áreas seriam cedidas porque os *nacionalistas* não se sentiam seguros tendo Nanjing cercada por elas. Não conseguiriam dormir, sabendo que os *vermelhos* estavam sobre suas camas e em seus corredores. Além disso, os meios de comunicação do Guomindang batiam na tecla de que os comunistas queriam mais territórios e não se dispunham a fazer nenhuma concessão. Então, seria inteligente ceder áreas no sul em troca de paz e democracia. Isso desmoralizaria os boatos, frustraria os planos de Chiang e conquistaria a opinião pública.

Em relação às Forças Armadas ocorria algo idêntico. Os comunistas começaram propondo a redução de seus exércitos para 48 divisões, correspondendo a 1/6 das 263 divisões do Guomindang. Depois, propuseram reduzir suas forças para 43 divisões, ou 1/7 do total do Guomindang. Como este disse que poderia reduzir suas forças para 120 divisões, os comunistas se comprometeram a reduzir as suas para 24 ou mesmo vinte. Como uma divisão *nacionalista* possuía seis mil homens, 1,2 milhão de homens dos exércitos *vermelhos* corresponderiam a duzentas divisões *nacionalistas*, mantendo um razoável equilíbrio de forças.

Assim, embora preparados para fazer concessões, os comunistas queriam que os princípios de paz e unidade, direitos democráticos e cooperação para construir uma nova China, fossem reconhecidos pelo Guomindang. O que foi estipulado no "Sumário de Conversações" ou "Acordo de Outubro", depois de 43 dias de negociações. Mao Zedong pôde, então, retornar a Yenan, enquanto Zhu Enlai e Wang Jofei permaneciam em Chongqing para negociar os pontos pendentes.

Enquanto negociava com os comunistas, o Guomindang jogou oitocentos mil homens contra as Áreas Libertadas. Em setembro e outubro, treze de suas divisões, com 38 mil homens, atacaram as bases comunistas em Shandong, sendo derrotadas. No noroeste, três exércitos do Guomindang avançaram contra as áreas de Shaanxi, mas foram cercados e desbaratados quando, após uma semana de combates, o comandante de um dos exércitos revoltou-se e, à frente de dez mil homens, passou para o lado comunista.

Além de ocupar cinco Áreas Libertadas em Zhejiang, Anhui e Hunan, os *nacionalistas* cercaram as áreas de Henan, Hubei, Suiyuan, Chahar e Jehol. Ao serem derrotados, deixaram cair documentos, como o *Manual sobre a supressão de bandidos*, que comprovavam seus planos de fazer a guerra de fato e negociar a paz apenas para ganhar vantagem. Assim, em novembro de 1945, quando o Guomindang denunciou que estava envolvido numa "guerra defensiva", sua palavra já não valia tanto. E suas dificuldades haviam aumentado.

Já não podia ignorar o PC como igual, cuja força subestimara, nem desconhecer a oposição popular à guerra civil. Também não tinha razões para colocar-se contra a política geral de paz e unidade. Se desencadeasse a guerra civil, isolar-se-ia e daria mais razão aos comunistas para suas ações de autodefesa. Mesmo assim, o Guomindang não desistiu de seus planos e intensificou sua mobilização. Com o auxílio logístico norte-americano, transportou para o nordeste grande quantidade de tropas, conseguindo estabelecer seu controle sobre essa região estratégica.

Seguindo sua tradição de preparar-se segundo o ritmo do inimigo, os comunistas também intensificaram sua mobilização. Nas áreas em que governavam, cuidaram para que a produção fosse elevada em larga escala, os latifundiários pudessem manter sua vida e os industriais e comerciantes, seus lucros. Dedicaram atenção ao abastecimento da população, ao suprimento do exército, ao alívio da situação dos famintos e refugiados e à melhoria das condições de vida dos camponeses e operários, reduzindo as taxas de arrendamento e elevando os salários.

Além disso, orientaram suas unidades políticas e militares, visando estimular generais, oficiais, soldados e unidades inteiras do Guomindang a trocar de lado. Na esteira do avanço soviético em agosto, haviam enviado mais de cem mil homens para construir bases na região nordeste, começando pelas cidades e zonas rurais distantes dos centros dominados pelo Guomindang. E haviam intensificado a educação ideológica e política de seus soldados, reafirmando a necessidade de observar estritamente as *Três Principais Regras de Disciplina* (obedecer às ordens em todas as ações, não tomar uma simples agulha ou linha de coser das massas e entregar tudo o que for capturado) e os *Oito Pontos de Atenção* (falar polidamente, pagar estritamente tudo que comprar, devolver tudo que tomar de empréstimo, pagar por tudo que danificar, não agredir ou golpear as pessoas, não danificar as plantações, não tomar liberdades com as mulheres e não tratar mal os prisioneiros).

Assim, em dezembro de 1945, as posições estratégicas estavam definidas. Mas Chiang não conseguia lançar abertamente sua ofensiva. A pressão popular, estimulada pelo empenho comunista em exigir paz, unidade, democracia e melhoria das condições de vida, criava *fricções* entre os próprios *nacionalistas*. Em janeiro de 1946, o Guomindang viu-se na contingência de convocar a Conferência Consultiva Política, da qual participaram os comunistas e outros partidos democráticos, e ordenar um cessar-fogo, embora suas tropas continuassem atacando as áreas comunistas.

No final de junho, em contraste com as resoluções de paz e democracia daquela Conferência, Chiang Kai-chek e seus assessores norte-americanos consideraram seus exércitos preparados para esmagar os comunistas num prazo de três a seis meses. Os EUA haviam equipado 45 divisões, treinado 350 mil homens de todas as armas e serviços, e seus navios e aviões haviam transportado para as linhas de frente 41 divisões regulares e oito regimentos de comunicação, com mais de 540 mil homens. Além disso, noventa mil fuzileiros navais norte-americanos foram estacionados em Beijing, Xangai, Qingdao, Tientsin e Jinghuangdao, para proteger as vias de comunicação. Ao todo, os EUA investiram US$ 4,5 bilhões, uma soma proporcionalmente maior do que qualquer outra destinada às nações da Europa ocidental desde o final da guerra.

No dia 26 de junho de 1946, os *nacionalistas* iniciaram um ataque em larga escala contra a área comunista do Planalto

Central. Depois, entre julho e setembro, jogaram-se contra todas as demais Áreas Libertadas. Empregando 193 divisões, num total de 1,6 milhão de homens, Chiang colocou em combate 80% de todas as suas tropas e confrontou-se, em seis teatros de guerra, com os generais comunistas que haviam despontado durante a Guerra de Resistência ao Japão: Liu Bosheng e Deng Xiaoping, na região de Shanxi; Chen Yi, Su Yu e Tan Shenlin, na região de Shandong; Lin Biao e Lo Shunghuan, na Mandchúria; Nie Shungchen, na região de Shaanxi; He Lung, na região de Suiyaun; e Li Xiannian e Chen Weisan, no Planalto Central.

Supondo resolver suas contradições com os comunistas num curto espaço de tempo, Chiang Kai-chek lançou-se na terceira guerra civil de sua história, chamando-a de "guerra de supressão de bandidos". Os comunistas, por sua vez, transformaram os 4º e 8º Exércitos no Exército Popular de Libertação, ou EPL, englobando 1,2 milhão de homens, e denominaram a nova guerra civil de "terceira guerra civil revolucionária" ou Guerra de Libertação.

Guerra e paz

Desde maio de 1946, os comunistas adotavam medidas para garantir o apoio dos camponeses contra uma possível ofensiva dos exércitos *nacionalistas*. Sua *Diretiva sobre a Questão da Terra* mudara a política de redução de arrendamentos para a de confisco das terras latifundiárias e sua distribuição entre os camponeses. Em julho, diante da nova guerra civil, os comunistas intensificaram a reforma agrária, mas protegeram os camponeses médios e os camponeses ricos. Mesmo os latifundiários que não colaboraram com os japoneses, nem eram tiranos locais cruéis, foram tratados com leniência e receberam parcelas de terras para trabalhar e sobreviver.

Os comunistas avaliaram favoravelmente a situação. Chiang não queria fazer a reforma agrária, nem atender às demandas de democracia e independência nacional. Além disso, das 190 divisões do Guomindang em campanha, 25 foram destroçadas pelo EPL, entre julho e setembro, e metade estava presa a tarefas de aquartelamento. Com sua tática de não defender terreno e destruir as forças inimigas uma a uma, o EPL perdera uma dúzia de pequenas e médias cidades e dois a três mil homens que foram mortos, feridos e aprisionados, mas aniquilara dez mil *nacionalistas* e retomara o território perdido.

Trabalhando na perspectiva de uma guerra prolongada, o PC ampliou suas forças regulares, pela incorporação voluntária, e intensificou a organização de milícias, guerrilhas e grupos de trabalho armados, que controlavam vastas áreas rurais, inclusive no interior das linhas do Guomindang. Este, por sua vez, intensificou a conscrição forçada de combatentes e retomou a política de confisco de grãos, aumentando o descontentamento popular.

Em sete meses, o EPL desmantelou 56 divisões regulares *nacionalistas,* uma média de oito por mês, além de tropas auxiliares. Agravou, com isso, o conflito entre a grande extensão das linhas de combate do Guomindang e sua escassez de tropas, fazendo ruir seu moral. Em fevereiro de 1947, 78 divisões *nacionalistas*, com 1,71 milhão de homens, 90% de todas as suas tropas, estavam engajadas contra as áreas comunistas. Mas apenas quinze delas, com 213 mil homens, permaneciam como reserva estratégica.

Além disso, o Guomindang enfrentava séria crise econômica e financeira, com elevação da inflação, quebra de indústrias e empresas comerciais, e deterioração do padrão de vida da população. Chiang Kai-chek procurou, então, manobrar no campo político. Por intermédio do embaixador norte-americano na China, Leighton Stuart, solicitou enviar uma delegação a Yenan para "negociações de paz". Esperava ganhar tempo para reorganizar suas forças antes de lançar novas ofensivas. Em resposta, os comunistas impuseram duas condições: abolir a Assembleia Nacional, que violava as resoluções da Conferência Consultiva Política, e evacuar todos os territórios ocupados pelo Guomindang desde o acordo de paz de janeiro de 1946.

No final de fevereiro de 1947, Chiang, no entanto, notificou aos representantes do PC em Nanjing, Xangai e Chongqing que deveriam retirar-se, e anunciou o rompimento das negociações. Em 15 de março, proclamou sua determinação de conduzir a guerra civil até o fim e lançou sua ofensiva contra Yenan. Com 230 mil homens, obrigou os vinte mil do EPL a retirar-se e ocupou o quartel-general do PC e do EPL e diversas pequenas cidades da área. No entanto, o objetivo de destruir o QG comunista e empurrá-lo para o leste do Rio Amarelo falhou completamente.

O comando comunista retirou-se de Yenan, mas permaneceu na própria região até março de 1948, quando suas tropas iniciaram a contraofensiva. Utilizando seu velho método de manter o inimigo correndo até cansar, reduzir drasticamente seus suprimentos e escolher a oportunidade de sua fadiga extrema para atacá-lo e destruí-lo, as tropas do EPL causaram mais de cem mil baixas nas tropas do Guomindang, enviadas para tomar e manter Yenan, e acabaram expulsando-as em debandada.

Além disso, Chiang via-se diante de uma nova frente de luta. Em meados de 1947, emergiu nas grandes cidades e espraiou-se por toda a China um movimento estudantil, exigindo "Comida, Paz e Liberdade" e batendo-se "Contra a Fome, a Guerra Civil e a Repressão". Mais de quinhentos mil estudantes manifestaram-se nas ruas, em greves e demonstrações de protesto, depois que uma estudante da Universidade de Beijing foi sequestrada por soldados norte-americanos.

Esse foi o prelúdio de outra frente não militar, aberta em setembro. A Conferência Nacional do PC sobre a Reforma Agrária elaborou o Projeto de Lei Agrária da China, mantendo os principais pontos da Diretiva de Maio de 1946. Com dezesseis artigos, o primeiro abolia o "sistema agrário de exploração feudal e semifeudal" e instituía o sistema de "terra para quem a trabalha". Os segundo e terceiro aboliam os direitos de propriedade territorial dos latifundiários, santuários, templos, mosteiros, escolas, instituições e organizações ancestrais, enquanto o quarto cancelava todos os débitos contraídos na zona rural antes da reforma agrária.

Os artigos quinto e sexto estipulavam que a execução da reforma ficaria a cargo das assembleias de camponeses de aldeia e comitês eleitos por eles; das assembleias da Liga dos Camponeses Pobres ou organizações de camponeses sem-terra ou com pouca terra nas aldeias e comitês eleitos por elas; dos congressos de camponeses de aldeia, distrito, província ou outro nível e comitês eleitos por eles. As terras públicas e latifundiárias passavam para a responsabilidade das associações camponesas e demais habitantes das aldeias, que deveriam unificá-las e redistribuí-las igualitariamente.

Os outros dez artigos complementavam os seis primeiros, um verdadeiro chamamento para os camponeses realizarem por sua própria conta e por seus próprios esforços a reforma agrária. Contar com as próprias forças – *fanshen*, em chinês – foi a palavra mágica que levantou milhões de camponeses contra os latifundiários, em certa medida também contra os camponeses ricos e, principalmente, contra o Guomindang e seus exércitos, que procuravam impedir a implementação do projeto.

A ofensiva política do *fanshen* acompanhou a contraofensiva geral do EPL. Em junho de 1947, sete colunas comandadas por Liu Bosheng e Deng Xiaoping forçaram as defesas do Rio Amarelo, marcharam para as montanhas Tapieh e, em oito meses de avanço, eliminaram mais de cem mil homens do Guomindang. Em agosto, outras oito colunas, comandadas por Chen Yi e Su Yu, partiram de Shandong, marcharam para sudoeste e liquidaram outros cem mil *nacionalistas*, estabelecendo-se na região fronteiriça entre Henan, Anhui e Jiangsu e isolando as cidades de Kainfeng e Hangzhou. Nessa mesma ocasião, tropas comandadas por Chen Keng e Xie Fushi atravessaram o Rio Amarelo ao sul de Shaanxi, avançaram sobre Henan, desbarataram quarenta mil soldados *nacionalistas* e isolaram o centro estratégico de Luoyang.

Em dezembro de 1947, o Exército do Nordeste do EPL, comandado por Lin Biao e Lo Junghuan, desencadeou uma ofensiva de inverno sem precedentes. Durante três meses seguidos, avançou ao longo das ferrovias que ligam Shanhaiquan a Shenyang e Beijing a Liaoning, tirou de combate 156 mil homens do Guomindang e ocupou dezenove cidades. Na primavera de 1948, o número de combatentes *nacionalistas* estava em franco declínio. Dos 4,3 milhões de homens que o Guomindang recrutara antes de julho de 1946, sobravam 3,6 milhões. Nesse período, quase dois milhões haviam sido postos fora de combate pelo EPL, a maior parte aprisionada.

Em setembro de 1948, tiveram início as três campanhas do EPL, que modificaram radicalmente o curso da guerra. Na primeira, os setecentos mil homens do Exército de Campanha do Nordeste varreram o Guomindang da região, ao destruir catorze exércitos, com 470 mil homens. Na segunda, os seiscentos mil homens dos Exércitos de Campanha do Leste e do Planalto Central desbarataram cinco exércitos do Guomindang, com 550 mil homens, e passaram a ameaçar Nanjing, capital *nacionalista*. Na terceira, o Exército de Campanha do Nordeste e parte do Exército de Campanha do Norte atravessaram a Grande Muralha, cortaram a retirada dos seiscentos mil homens do general Fu Zoyi, colocaram 520 mil fora de combate e conquistaram Beijing, Tianjin e Shijiazhuang. Ao todo, o Guomindang perdeu 1,54 milhão de homens.

O Guomindang estava perdendo muitas tropas e generais não apenas em combate, mas também por causa da evasão de suas tropas, que trocavam de lado e iam sendo reorganizadas como tropas comunistas. Isso levou Chiang Kai-chek, em 1º de janeiro de 1949, a declarar seu desejo de reatar as negociações de paz. Os comunistas dispuseram-se a aceitar a proposta, desde que o Guomindang punisse os criminosos de guerra, abolisse as falsas autoridades constitucionais "constituídas", reorganizasse as tropas em bases democráticas, confiscasse o capital burocrático, reformasse o sistema agrário, revogasse os tratados desiguais, convocasse uma Conferência Consultiva Política, sem a participação dos elementos reacionários, e formasse um governo democrático de coalizão.

No final de janeiro, o PC admitiu que o governo de Nanjing enviasse uma delegação para as negociações, mas só porque estava preocupado com as tropas remanescentes do Guomindang e queria encontrar uma forma de colocá-las sob controle. A rendição pacífica do general Fu Zoyi, em Beijing, com os duzentos mil homens de sua guarnição, em 20 de janeiro, estabeleceu na prática a fórmula da paz e intensificou a desagregação *nacionalista*. Paradoxalmente, fora o próprio clamor por paz de Chiang, patrocinado pelos EUA, que acelerou o colapso de seu governo.

Em 26 de março, o PC estipulou a data de 1º de abril, em Beijing, para o início das negociações de paz, nomeando Zhu Enlai, Liu Bozhun, Lin Biao, Ye Xienying e Li Weishan como seus representantes. As delegações chegaram a um Acordo sobre a Paz Interna, no dia 15, rejeitado por Chiang no dia 20. No dia seguinte, Mao Zedong, como presidente da Comissão Militar Revolucionária do Povo Chinês, e Zhu De, como comandante-chefe do EPL, emitiram uma ordem a todos os seus exércitos para a ofensiva final.

Os 1º, 2º e 3º Exércitos de Campanha atravessaram o Rio Yang-tse-kiang numa frente de mais de 500 km, ocupando Nanjing e seguindo no rumo sul. O 4º Exército de Campanha forçou o médio Yangtse numa frente de mais de 100 km, a leste de Wuhan, avançando para sudoeste. Em 1º de outubro de 1949, na Praça da Paz Celestial (Tiananmen), em Beijing, Mao Zedong proclamou a República Popular da China.

## Rescaldos do incêndio

Ao proclamarem a República Popular da China, o PCCh e seus oito partidos aliados na guerra civil ainda não haviam conquistado toda a China. O restante dos exércitos do Guomindang estava em retirada para Taiwan ou assolando o sul da China em debandada. Mas, no início de 1950, toda a China continental, exceto o Tibete, parte de Hong Kong e Macau, estava sob controle do EPL. Das ilhas, apenas Taiwan e Hong Kong encontravam-se fora da nova jurisdição.

A paz começava a tomar forma sobre a China, embora uma paz armada. O país viu-se bloqueado pela 7ª Esquadra dos EUA e pela maioria dos países do mundo, que retiraram da China seus embaixadores e seus bens e empresas e posicionaram-nos em Taiwan. Os EUA se opuseram ao reconhecimento do governo popular pela ONU e, logo depois, desencadearam a guerra da Coreia, na expectativa de sangrar as forças chinesas e propiciar o desembarque do Guomintang de regresso ao continente.

Em 1950, com cerca de quinhentos milhões de habitantes, a China estava destruída. Suas ferrovias e rodovias encontravam-se sem condições de uso. As indústrias, além de poucas e atrasadas, encontravam-se inoperantes. Grande parte da colheita de outono havia se perdido e os estoques tinham sido transportados pelas tropas do Guomindang em fuga. Milhões de pessoas encontravam-se desempregadas. O novo governo tinha diante de si uma China à beira da anarquia, isolada e ameaçada militarmente.

Afora as ferrovias instaladas por capitais estrangeiros para facilitar as exportações de matérias-primas agrícolas e minerais, e algumas fábricas de tecidos e de outros produtos de consumo, a China desconhecia outros tipos de indústria. Sua siderurgia era insignificante e concentrada na Mandchúria. Não possuía nenhuma indústria de produção de bens de capital, química, de equipamentos de transportes e de geração de energia, ou seja, do ponto de vista industrial, era extremamente atrasada.

Nessas condições, a primeira preocupação do novo governo popular voltou-se para recuperar a economia destruída pela guerra, liquidar a inflação, reduzir o desemprego e criar as condições para o desenvolvimento. No campo, ao ser promulgada oficialmente a Lei de Reforma Agrária, em junho de 1950, o novo sistema agrário já havia sido implantado em várias regiões pelo *fanshen* dos próprios camponeses.

Nos dois anos posteriores, foram distribuídos 47 milhões de hectares, ou cerca de 50% das terras cultivadas, entre trezentos milhões de lavradores, cabendo a cada família cerca de 0,4 hectare. Enquanto os camponeses médios continuaram com as parcelas e instrumentos de trabalho que possuíam anteriormente, os camponeses ricos tiveram reduzidas suas parcelas a um tamanho correspondente ao que poderiam efetivamente trabalhar com seu próprio esforço. E os antigos latifundiários, não culpados de crimes, receberam parcelas de terra necessárias para trabalhar por sua conta.

Livres das dívidas e do pagamento anual das taxas de arrendamento aos latifundiários, que levavam anualmente cerca de 35 milhões de toneladas de sua produção de grãos, os antigos camponeses pobres e médios tiveram sua situação melhorada pelo novo sistema agrário, que lhes propiciou cerca de 90% das terras agricultáveis. Apesar disso, sua capacidade produtiva continuava reduzida. As propriedades agrícolas eram fragmentadas e diminuto o emprego de técnicas agronômicas. A predominância dos minifúndios impedia a utilização de equipamentos de porte e era um entrave ao aumento da produtividade rural. Criou-se uma situação em que esses camponeses (83% do total) não conseguiam concorrer com os camponeses ricos.

Estes, aproveitando-se de seus antigos laços mercantis, da experiência acumulada na produção e no comércio rural e de uma série de outros fatores próprios da economia mercantil, passaram a comprar, vender e arrendar terras, explorar mão de obra de terceiros, especular com os produtos agrícolas e emprestar dinheiro a altos juros. Faziam renascer várias das formas passadas de exploração, gerando uma nova polarização no campo chinês. Esta foi a origem das formas de ajuda mútua e cooperação que os camponeses pobres e médios passaram a praticar para enfrentar os camponeses ricos no próprio terreno da economia mercantil.

Para o novo Estado, pressionado para abastecer as cidades e as indústrias dependentes de matérias-primas agrícolas, as atividades dos camponeses ricos também eram prejudiciais, particularmente quando especulavam com os produtos e as terras. Em consonância com o movimento de ajuda mútua, o governo popular regulamentou, em 1953, o mercado de cereais, criando o Sistema Unificado de Compra e Venda. Por meio dele, estabeleceu cotas de vendas de cereais, algodão e outros produtos agrícolas importantes para garantir o abastecimento dos habitantes e indústrias urbanos. Ao mesmo tempo, propiciou o abastecimento das equipes camponesas de ajuda mútua com produtos industriais, como fertilizantes e equipamentos agrícolas.

Seguindo a linha da revolução nacional e democrática, o novo governo só modificou a estrutura da economia urbana chinesa na parte referente às propriedades estrangeiras e do capital burocrático chinês, que foram confiscadas e transformadas em propriedade estatal. Ao lado desse setor estatal, continuaram a existir os setores individual, capitalista, coletivo ou cooperativo, e misto estatal-privado. Na indústria, o setor capitalista era predominante com 63,3% do total, enquanto o setor estatal detinha o resto, ou 34,7%. No comércio atacadista, o setor capitalista detinha 85,1% do total das empresas, enquanto o setor estatal possuía apenas 14,9%. No artesanato e no pequeno comércio, da mesma forma que no campo, o setor individual predominava com mais de 90% de todas as propriedades. Os setores coletivo ou cooperativo e misto estatal-privado eram embrionários, com participação insignificante até 1953-1954.

Essa situação, aliada à capacidade produtiva do país, convenceu os comunistas de que o novo Estado teria que aproveitar, numa certa escala e por um tempo prolongado, as economias capitalista e individual, ao mesmo tempo que desenvolvia as economias estatal e coletiva. Essa foi a razão econômica e social de sua decisão de aliar-se à burguesia nacional chinesa não só para a revolução, mas também para a construção da nova China, apesar de compreenderem que isso representava também uma prolongada luta pela predominância econômica e política na sociedade chinesa.

Já no início da reconstrução econômica, a burguesia, no entanto, tentou aproveitar-se da inflação deixada pelo Goumindang. Entre 1937 e 1948, os preços haviam subido seis milhões de vezes e o volume de moeda emitida 3,7 milhões de vezes. Depois, entre agosto de 1948 e maio de 1949, com a emissão desenfreada do "yuan-ouro", os preços e a moeda entraram em espirais inversas descontroladas, os preços subindo e a moeda desvalorizando-se, numa média de 40% ao mês. Aproveitando-se disso, os capitalistas procuraram obter lucros exorbitantes, açambarcando e especulando com as mercadorias e utilizando-se da agiotagem.

A estabilização dos preços tornou-se um ponto crítico na recuperação da produção e na tranquilidade à população. A ação especulativa da burguesia transformou-se em ponto crítico de suas relações com os comunistas. Antes mesmo da criação do Sistema Unificado, o novo Estado popular vira-se na contingência de comprar e armazenar grande quantidade de grãos para enfrentar o auge de especulação esperado para o Festival da Primavera de 1950, mas a burguesia não acreditou na capacidade do novo Estado. Sem medir as consequências, jogou todos os seus capitais no açambarcamento dos cereais ofertados pelo governo. Sem conseguir esgotar as reservas deste, viu-se obrigada a reembolsar os capitais emprestados. Os especuladores passaram de compradores a vendedores, ofertando cereais de forma maciça e causando uma queda acentuada dos preços, e também falências diversas.

A burguesia chinesa viu-se, assim, desprovida de capitais para comprar matérias-primas, pagar salários e impostos e continuar suas atividades empresariais. Teve que recorrer, então, à economia estatal, subordinando-se aos termos desta. Sob contrato, o Estado passou a fornecer as matérias-primas em troca de produtos acabados, ou estabeleceu algum tipo de associação na qual a empresa capitalista passava a produzir de acordo com as necessidades estipuladas pelo governo.

Por esse processo, entre 1952 e 1953 a inflação foi colocada sob controle. A produção de grãos subiu de 103 para 166 milhões, a de algodão de 450 mil para 1,3 milhão de toneladas, e a de carvão de 32 milhões para 66 milhões de toneladas. A média anual de crescimento econômico nesse período foi de

34,8%. A economia recuperou-se quase totalmente em comparação com o período de pré-guerra.

Essa recuperação econômica agrícola e urbana, assim como os embates com a burguesia, introduziu modificações na participação dos diversos capitais na economia chinesa. Em 1953, cerca de 56% do valor da produção industrial já era estatal, enquanto 26,9% provinham de empresas mistas estatais--privadas ou de empresas capitalistas operando sob contrato do Estado. Desse modo, abriu-se o caminho da modernização socialista, mas criou-se também a suposição de que ela poderia livrar-se da necessidade de conviver com o capitalismo por um tempo prolongado, como pensara o próprio Mao Zedong.

## 5. Em busca da modernidade

Com a economia no patamar de antes da guerra, a burguesia domesticada e o florescimento dos sistemas de ajuda mútua agrícola e cooperação artesanal, os comunistas supuseram possível avançar a passos largos no processo de industrialização. A partir de 1953, com o primeiro Plano Quinquenal, teve início a instalação de grandes complexos industriais.

A realidade, porém, mostrou-se mais complexa. O bloqueio econômico das principais potências mundiais e a fraqueza relativa da União Soviética, que também curava suas feridas de guerra, impediam a obtenção de créditos externos. Nessas condições, a industrialização só poderia ocorrer sendo financiada pelo trabalho excedente dos camponeses e operários. Isso apresentava limites sociais e políticos evidentes, que se fizeram presentes nas insatisfações e críticas surgidas entre 1955 e 1957, relacionadas principalmente com a queda da renda camponesa, a compressão salarial e a escassez de bens de consumo.

Surgiram discrepâncias sobre os caminhos para um desenvolvimento sustentado de largo prazo. Embora com o mesmo objetivo de desenvolver a capacidade produtiva do país e modernizá-lo, formaram-se pontos de vista diferenciados. As principais dúvidas residiam no papel que as formas privadas e as formas públicas e estatais de propriedade poderiam desempenhar nesse desenvolvimento. Muitos atacavam as formas privadas como entraves, enquanto outros as consideravam uma necessidade histórica não superada.

De 1956 a 1976, as tentativas de liquidar as formas privadas de propriedade, implantar as formas sociais e, por meio destas, elevar a capacidade produtiva, chegaram a extremos. A China sofreu convulsões econômicas, sociais, culturais, ideológicas e políticas, cujos principais eventos foram o Movimento das Cem Flores, em 1957, o Grande Salto Adiante, entre 1958 e 1960, e a Revolução Cultural, entre 1966 e 1976. É surpreendente que, apesar dos distúrbios, ela tenha conservado sua unidade nacional e sido capaz de ingressar num novo período de reformas, levando sua revolução por caminhos inusitados.

## Primeiras dificuldades

Durante o primeiro Plano Quinquenal, a China realizou altos investimentos na construção de infraestruturas e indústrias. Em 1957, ela já possuía indústrias de produção de aço, metal-ligas, aviões, automóveis, equipamentos de geração de eletricidade e de minas e máquinas pesadas e de precisão. Foram colocadas em operação cem grandes empresas industriais e tiveram início outras seiscentas grandes obras.

Os recursos para esses investimentos – cerca de US$ 32 bilhões – foram basicamente arrancados da agricultura, por meio de impostos, utilização dos fundos de acumulação das cooperativas e emprego de jornadas voluntárias de trabalho. Os camponeses chegaram a contribuir com cerca de 25% de sua produção para o aumento da capacidade produtiva do país.

Como resultado, a renda familiar camponesa caiu mais de 20%, entre 1953 e 1957. A fome endêmica fora eliminada e as massas de miseráveis e maltrapilhos deixaram de ser presença no panorama chinês, mas o conjunto da população permanecia pobre e o padrão de vida dos camponeses e operários foi afetado. E, como a maior parte dos cereais era monopolizada para evitar a especulação, os camponeses transformaram essa monopolização no principal assunto de suas preocupações e de suas críticas.

Para minorá-las, o Estado teve que revender aos lavradores uma parcela dos cereais que havia adquirido deles, prejudicando as exportações agrícolas, das quais dependia a importação de equipamentos industriais. Além disso, ocorreram desequilíbrios entre o alto crescimento industrial e baixo incremento da agricultura e do consumo, agravados pela disparidade entre o elevado desenvolvimento da indústria pesada e o crescimento medíocre da indústria leve.

A escassez de produtos de consumo de massa pressionou os preços e obrigou o Estado a instituir o racionamento, para assegurar uma distribuição equitativa e manter os preços sob controle. O uso de tecnologias modernas chocou-se contra a necessidade de criar uma grande massa de novos empregos e manter os salários em níveis que não estourassem o orçamento estatal. Também apresentaram-se disparidades entre as rendas camponesa e urbana, entre a oferta demasiada de alguns produtos e a escassez de outros, entre a planificação centralizada e as demandas do mercado.

Quanto maiores as dificuldades, maiores os esforços comunistas para superá-las pela transformação socialista da agricultura, artesanato, indústria e comércio. Acreditavam que elas residiam nas formas privadas de propriedade e das relações de trabalho e distribuição. Por isso, até 1957, haviam reduzido de 7% para zero a participação da economia capitalista e de 72% para 7% a da economia individual. Em contraste, elevaram a participação da economia estatal de 19% para 32%, da coletiva ou cooperativa de 1,5% para 53%, e da mista estatal-privada de 0,7% para 8%.

Na agricultura, até 1955 cerca de 50% das famílias rurais haviam se organizado nos grupos de ajuda mútua, em que as parcelas e os meios de produção permaneciam propriedade dos camponeses. Apenas 14% estavam nas cooperativas de tipo inferior, em que as parcelas eram unificadas para melhor aproveitamento dos equipamentos. Em 1956, porém, ocorreu um salto: 97% das famílias haviam ingressado nas cooperativas de tipo superior, em que a propriedade da terra e dos meios de produção era coletiva.

A rápida transformação socialista da propriedade privada e das relações de trabalho e distribuição não foi, porém, acompanhada de um ritmo elevado de criação de novos trabalhos. Assim, para alcançar o pleno emprego, foi adotada a política 1:3, na qual um trabalho assegurava emprego para três pessoas, com danos para a produtividade. Mesmo assim, a insatisfação cresceu, sendo o estopim para uma ampla discussão sobre os rumos da construção socialista na China. Estava em pauta como elevar a capacidade produtiva do país e, ao mesmo tempo, garantir o bem-estar da população. Ou, como industrializar a China e, ao mesmo tempo, atender às novas necessidades sociais que a superação inicial do atraso e da miséria haviam gerado.

Mao Zedong discutiu essas questões em *As 10 grandes relações* e *Tratamento correto das contradições no seio do povo*. No primeiro, criticou o modelo soviético, propôs equilibrar a indústria pesada, a agricultura e a indústria leve, sugeriu o desenvolvimento da rede de pequenas indústrias rurais e sua modernização progressiva e defendeu maior descentralização administrativa, para dedicar atenção aos serviços de bem-estar e aos salários. Também sugeriu maior autonomia para as empresas e autoridades locais e aconselhou os chineses a aproveitar a experiência dos outros países, inclusive capitalistas, nas áreas de ciências, tecnologia e administração.

No *Tratamento correto das contradições no seio do povo*, Mao advogou um tratamento cuidadoso das contradições existentes, pela manifestação livre das correntes de pensamento. Considerava não antagônica a contradição com a burguesia chinesa, apesar de seus representantes ainda receberem dividendos das empresas mistas, e defendia a ideia de que a contradição básica da sociedade chinesa residia no fato de as relações de produção ou de propriedade não estarem em correspondência com as forças produtivas.

Ao considerar as forças produtivas do país mais avançadas do que suas relações de propriedade, trabalho e distribuição, o próprio Mao viu-se constrangido, porém, a atacar os que criticavam a pressa na coletivização agrícola e urbana, acusando-os de "tentar parar a revolução". Desse modo, para "não parar a revolução", o VIII Congresso do PC, em 1956, escolheu o caminho de construir o socialismo estritamente pelas formas públicas de propriedade. Os comunistas concordaram com Mao que suas dificuldades advinham não do estreitamento das formas de propriedade, mas de desvios no tratamento das contradições no seio do povo e da má utilização da capacidade técnica e científica dos intelectuais.

Essa foi uma das razões que os conduziram a deflagrar o Movimento das Cem Flores. Queriam que "cem flores florescessem, cem escolas competissem", a exemplo do florescimento cultural do século V a. C., para levar os intelectuais a colocar toda sua capacidade a serviço da construção socialista. No entanto, a queda do padrão de vida das camadas populares e o férreo controle do Estado sobre as manifestações políticas e culturais, em contraste com o período de reconstrução econômica e as expectativas criadas pela revolução, parecem ter ultrapassado os limites suportáveis.

O Movimento das Cem Flores escancarou as comportas para as queixas e insatisfações desaguarem. As greves operárias e nas cooperativas, as manifestações estudantis, os protestos de intelectuais, o abandono das cooperativas, a matança de animais de cria e outras formas de protesto multiplicaram-se, superando os objetivos do movimento. Além disso, as críticas aos defeitos e erros da construção socialista e os ataques ao próprio socialismo foram muito além do previsível, abriram espaço para a ação de sabotadores e elementos antissocialistas e obrigaram os comunistas a contra-atacar e sustar o florescimento das Cem Flores.

Substituíram-nas por um amplo movimento de retificação interna de seu partido, dirigido contra o burocratismo, o sectarismo e o subjetivismo, ao mesmo tempo que atacavam com rigor os elementos antissocialistas presentes na sociedade. Mais tarde, reconheceram que esse contra-ataque foi além do previsto, atingindo como "direitistas e contrarrevolucionários" parte da intelectualidade que era simplesmente crítica.

## Tentando um grande salto

O movimento de retificação, como sugerira Mao, levou a uma grande descentralização. As empresas subordinadas ao governo central foram reduzidas de 9.300 para 1.200, os itens econômicos controlados caíram de 532 para 132, e o peso dos recursos orçamentários nacionais destinados a obras locais subiu de 10% para 50%. A ampliação dos poderes das localidades criou um ambiente favorável ao aumento da produção, levando os dirigentes a estabelecer metas ambiciosas, para demonstrar a superioridade das relações socialistas.

Em 1958, já no curso do segundo Plano Quinquenal, a direção do PC planejou, por meio de uma grande mobilização social, duplicar a produção de aço naquele ano (de 5,3 milhões de toneladas para 10,7 milhões de toneladas) e unificar as cooperativas agrícolas em comunas populares. Milhões de camponeses e trabalhadores urbanos transformaram-se em fabricantes de aço em altos-fornos de quintal. Nas comunas populares, outros milhões foram mobilizados para a construção de obras hidráulicas, como barragens, diques contra inundações e canais de irrigação. Tudo indicava um "grande salto adiante" no aumento da capacidade produtiva da China.

Cada comuna agrupava cerca de 25 cooperativas, com cinco a dez mil moradias, e era organizada por brigadas e equipes de produção, estas com vinte a cinquenta famílias cada. Ao rebaixar os camponeses médios e ricos ao nível dos camponeses pobres, estes viram nas comunas a materialização de sua tradição igualitarista. Nas equipes de produção, todos trabalhavam segundo as regras militares e ganhavam igualmente, comendo "na mesma panela de arroz". Supostamente, as comunas não davam pausa à revolução e indicavam o caminho de passar do princípio socialista de "a cada um segundo seu trabalho" para o princípio comunista de "a cada um segundo sua necessidade".

Esses movimentos demonstraram a disposição popular de atender aos apelos de desenvolvimento econômico, mas apresentavam direções opostas. À medida que as autoridades locais podiam realizar obras de infraestrutura, a escala destas exigia a coordenação de diversas localidades, apressando a unificação das cooperativas em comunas. A descentralização transformou-se numa nova centralização. Além disso, logo se descobriu que as estatísticas de grandiosas produções de aço e cereais estavam infladas. Pior, o aço produzido nos fornos de quintal era imprestável, e as demandas dispersas de carvão e minério haviam levado o caos aos transportes.

Sem a existência de uma base produtiva adequada, quanto mais acelerada a socialização das relações de trabalho e de distribuição, maior a centralização para compensar aquela ausência. Mesmo assim, não foi possível evitar uma ruptura no processo de construção econômica. Houve desgaste e dispersão da força de trabalho e dos recursos materiais e sérias desproporções na produção, agravadas pelas calamidades naturais de 1959 e 1960. Neste último ano, a produção agrícola sofreu um colapso. Ao cair para 150 milhões de toneladas, a fome voltou a algumas regiões.

Nessas condições, a discussão sobre a construção socialista na China retornou com força. Vários responsabilizavam não apenas as calamidades naturais, mas também as "forças espontâneas capitalistas" pelo insucesso do "grande salto". Outros criticavam a socialização rápida das relações de produção, manifestada nas propriedades estatal e coletiva e nas relações de trabalho e distribuição das comunas e empresas. Embora o próprio Mao aceitasse a responsabilidade pelo desastre e criticasse a tendência a avançar prematuramente na coletivização agrícola, ele não suportou a contundência da crítica do general Peng Dehuai, ministro da Defesa, e forçou sua destituição.

O contexto dessa polêmica foi conturbado ainda pelas divergências ideológicas e políticas que separavam a China da União Soviética a respeito da coexistência pacífica com o imperialismo e do apoio aos movimentos de libertação nacional que ocorriam no mundo. Em razão delas, a União Soviética retirou, em 1960, os técnicos que orientavam a construção de mais de 170 grandes projetos industriais chineses, obrigando a China a realizar reajustamentos ainda mais globais em sua economia.

A atitude soviética foi tida como uma medida deliberada de aproveitar-se das dificuldades internas chinesas para desestabilizar o regime dirigido pelo PC. O governo chinês teve que paralisar grandes obras, permitir a retomada da produção doméstica camponesa e reduzir o número de trabalhadores nas cidades. E, embora o reajustamento econômico fosse acompanhado de uma intensa atividade ideológica e organizativa para conquistar o apoio dos camponeses, trabalhadores e intelectuais na superação das dificuldades, a situação ainda continuava crítica no início de 1962.

A política das três liberdades (direito de os camponeses plantarem em seus lotes, desenvolverem atividades domésticas complementares e venderem parte da produção no mercado) e de uma garantia (contratos de compra dos excedentes pelo Estado) permitiu superar a queda na produção agrícola. No entanto, ela também se tornou alvo das críticas dos que apelavam para "não esquecer jamais a luta de classes" e para concentrar a atenção no incremento das relações socialistas e no combate aos "seguidores do caminho capitalista".

Em outras palavras, grande parte dos dirigentes comunistas considerava que os problemas surgidos no país eram decorrentes de uma estatização e uma coletivização da economia e das relações de trabalho e distribuição que não se completaram. Portanto, todos aqueles que defendiam o desenvolvimento prioritário das forças produtivas ou da capacidade produtiva da China, pela ação de diversas formas de propriedade, passaram a ser considerados "seguidores do caminho capitalista".

Nesse contexto, o movimento de educação socialista, de 1963, destinado a realizar "quatro limpezas" (nos campos político, econômico, organizativo e ideológico) em algumas áreas rurais e num pequeno número de fábricas, minas e escolas, para solucionar problemas de estilo de trabalho e gestão econômica, acabou sendo transformado numa manifestação da luta de classes e de seu reflexo dentro do PC e do governo. A ideia de que o alvo principal do movimento de educação socialista deveriam ser as pessoas com poder no partido e no governo que estavam "seguindo o caminho capitalista" tomou corpo na direção do PC e colocou a luta de classes no centro da construção socialista.

A disputa entre dois caminhos era evidente, apesar de nem sempre explicitada claramente. Enquanto Mao Zedong afirmava que a maior parte das associações de literatura e arte e suas publicações, nos quinze anos precedentes, havia abandonado as políticas socialistas e deslizado no revisionismo, Zhu Enlai conclamava os intelectuais a "florir e revitalizar" e preparava uma proposta de "quatro modernizações" – agricultura, indústria, defesa nacional e ciência e tecnologia – que, na prática, assumia o desenvolvimento das forças produtivas como eixo da transição socialista.

Em 1964, porém, já era forte a suposição de que o poder na China estava em mãos dos "seguidores do caminho capitalista" e que o proletariado precisava retomar esse poder. Lin Biao, que substituíra Peng Dehuai no Ministério da Defesa, defendeu então a tese de que "a tomada do poder depende de barris de pólvora e tinteiro", isto é, de Forças Armadas e da propaganda.

Para conquistar os "barris", suprimiu os graus de oficialato no Exército Popular, na suposição de aumentar a participação dos soldados e contar com sua fidelidade, e substituiu os comandantes e comissários políticos das regiões militares por homens de sua confiança. E, para ter os "tinteiros", lançou as campanhas ideológicas de *Imitar Lei Feng* (um jovem soldado herói) e *Seguir a Escola do EPL,* tendo como cartilha o livro *Citações de Mao Zedong*. Estendidas a todo o país pelos grupos de trabalho do EPL, essas campanhas jogaram o exército na disputa ideológica e política e deram início a um culto sem precedentes da personalidade de Mao.

Tudo isso ocorria no contexto de um mundo dividido pela guerra fria. Entre 1959 e 1964, a China teve que enfrentar a insurreição dos feudais do Tibete, conflitos fronteiriços com a Índia relacionados com a Caxemira e o Paquistão, e as ameaças de guerra nuclear, em razão das divergências com os soviéticos e da crise dos mísseis em Cuba. Como reação, os comunistas chineses lançaram seu programa de 25 pontos, em apoio aos movimentos revolucionários, e conseguiram produzir seu próprio artefato nuclear, fazendo com sucesso um teste em 1964.

Os norte-americanos, por seu turno, não só mantinham seu bloqueio e sua política de "duas Chinas" (China Nacionalista, ou Taiwan, e China Popular ou Comunista), como intensificaram a construção de um cinturão antichinês, promovendo golpes de Estado e ditaduras em vários países da Ásia, África e América Latina. Apesar dos "Cinco Princípios de Coexistência Pacífica" que orientavam sua política externa desde 1954, a China não conseguira estender suas relações diplomáticas a mais do que trinta países, a maioria africanos e asiáticos.

É nesse quadro de aguçamento interno e internacional que, em fevereiro de 1966, Lin Biao e Jiang Qing (esposa de Mao), na linha de *ter os tinteiros*, organizaram um fórum sobre literatura e arte no EPL. Suas conclusões: desde a fundação da República Popular, a literatura e os círculos literários teriam estado "sob a ditadura" dos proponentes de uma "linha sinistra" antissocialista, diametralmente oposta ao pensamento de Mao.

A partir daí as coisas se precipitaram. Os defensores da continuidade sem pausa da revolução consideraram-se preparados para lançar, como disse Kang Shen, membro do birô político do PC, "uma revolução política proletária, continuação da guerra civil e continuação da luta de classes entre o Guomindang e o PC". Em consequência, os responsáveis do setor de propaganda do PC e os dirigentes da municipalidade de Beijing foram destituídos, e, em maio, foram publicados dezesseis pontos sobre a Grande Revolução Cultural. O conceito da revolução permanente passava, na prática, a ser o conceito básico da construção do socialismo na China.

## Revolução Cultural

Os dezesseis pontos apelaram às massas para "fazer a revolução", "transformar os pensamentos, a cultura, os hábitos e costumes antigos", "moldar a fisionomia moral de toda a sociedade conforme os pensamentos, a cultura, os hábitos e costumes do proletariado", "derrubar os que ocupavam postos de direção, mas seguiam o caminho capitalista", "tomar o poder", "opor-se aos ataques da burguesia no domínio ideológico", "criticar as autoridades acadêmicas reacionárias", "atacar a ideologia burguesa e de todas as outras classes exploradoras" e "reformar a estrutura de ensino, a literatura, a arte e todos os demais ramos da superestrutura".

Ao mesmo tempo, porém, proibiam "que os representantes da burguesia infiltrados no Partido fossem citados nominalmente na imprensa sem a aprovação do comitê ao qual pertenciam", "que os quadros técnicos e científicos dedicados a atividades estratégicas fossem incomodados" e que a Revolução Cultural "fosse levada às fileiras do Exército Popular de Libertação".

Milhões de chineses organizaram-se na "guarda vermelha" e nos diversos "comitês de rebeldes revolucionários" e passaram a aplicar a democracia direta, cada grupo interpretando a seu modo as citações e as instruções do presidente Mao, que defendia firmemente a ideia de que as "massas não deveriam ser tuteladas".

Em 1969, porém, a situação tornara-se extremamente perigosa. Além dos prejuízos à produção, em razão das constantes paralisações para as discussões e disputas políticas, e das repetidas arbitrariedades, injustiças e até crimes contra os que se opunham às ideias e práticas dos "guardas vermelhos" e "rebeldes revolucionários", o perigo de uma guerra civil real materializou-se após choques envolvendo unidades do EPL na cidade de Wuhan.

A direção do PC e o governo ordenaram o desarmamento e a dissolução da Guarda Vermelha, reorganizaram os organismos estatais, com a participação de representantes dos comitês do PC, dos comitês revolucionários e do EPL, e passaram a dar atenção redobrada à economia. "Fazer a revolução e aumentar a produção" tornou-se a ordem principal, sinalizando que os danos causados pela movimentação maciça poderiam levar o país ao caos. A partir de então, a Revolução Cultural refluiu de suas grandes mobilizações e entrou numa fase de disputa quase exclusivamente palaciana e partidária.

Havia três grupos principais: o de Jiang Qing e mais três dirigentes que ganharam destaque a partir das discussões literárias e ideológicas de 1963; o de Lin Biao, ministro da Defesa, cuja base principal eram oficiais do EPL; e o terceiro, informal, cuja referência era Zhu Enlai. Sobre eles pairava Mao Zedong.

Zhu era o alvo principal dos ataques de Jiang Qing e Lin Biao, porém Mao resistia a tais ataques e opunha-se a qualquer redução dos poderes de Zhu. Isso levou Lin Biao a tentar pôr em prática sua teoria sobre golpes de Estado no socialismo, embora só pudesse ter êxito contra Zhu Enlai chocando-se contra Mao.

Um dos fatores que empurraram Lin Biao à aventura golpista foi a flexibilização da política exterior da China, incluindo a regularização das relações com a União Soviética, Estados Unidos e outros países, mesmo imperialistas, promovida por Mao e Zhu. Diante do agravamento da corrida armamentista entre as duas superpotências e da situação de derrota dos Estados Unidos no Vietnã, aqueles dois dirigentes enxergaram uma oportunidade de reduzir suas tensões com as superpotências e sair do isolamento internacional.

Paradoxalmente, foi no próprio curso da Revolução Cultural que a China retomou suas relações com os Estados Unidos, sob a condição de a República Popular ser reconhecida como único governo da China. Na prática, isso implicava que, para reatar relações com a China, os demais países deveriam desconsiderar Taiwan como "República", romper relações com ela e passar a vê-la como província chinesa. Em 1976, quando findou a Revolução Cultural, a China já havia estendido suas relações políticas a mais de cem Estados em vez dos cinquenta anteriores a 1969.

O plano sedicioso de Lin Biao, em 1971, falhou e isso desbaratou seu grupo e assestou um golpe na corrente aliada de Jiang Qing e na Revolução Cultural. Embora Mao reiterasse a necessidade de levar adiante tal Revolução, a partir de 1972 ele começou a chamar para postos dirigentes no partido e no governo muitos dos veteranos que haviam sido afastados. E, mesmo sob uma renhida resistência do grupo de Jiang Qing, em 1973 Mao indicou Deng Xiaoping para ocupar os postos de vice-primeiro-ministro e chefe do Estado-maior do EPL.

Apesar dessas mudanças, o X Congresso do PC, em 1975, reafirmou as ideias centrais de Mao Zedong a respeito da continuação da luta de classes sob o socialismo. Aprovou sua tese sobre a realização de revoluções culturais cíclicas e elegeu alguns dos membros do grupo de Jiang Qing para os órgãos máximos do Partido Comunista e do governo. Assim, ao mesmo tempo que ele estimulava as retificações empreendidas por Zhu Enlai, Deng Xiaoping e outros nas políticas partidárias, do governo e do EPL, permitia que o grupo de Jiang Qing atacasse essas retificações e denunciasse a reabilitação dos veteranos, a pretexto de criticar Lin Biao e Confúcio, revigorar os temas da Revolução Cultural, incentivar o igualitarismo nas comunas e estimular a crítica aos seguidores do caminho capitalista.

A novidade é que essa campanha não encontrava mais eco entre as grandes massas. Ao contrário, apareceram cartazes criticando Jiang Qing, Wang Howen, Zhang Chunqiao e Yao Wenyuan, que o próprio Mao designara como "bando dos quatro". Essa reversão política se acentuou em janeiro de 1976, com a comoção nacional causada pela morte de Zhu Enlai. A oposição às ações de Jiang Qing e seu grupo aumentou e desembocou na data de celebração dos mortos, em abril, com as manifestações populares em homenagem a Zhu Enlai e os choques com os milicianos, em particular em Tiananmen.

Mao responsabilizou Deng Xiaoping pelos acontecimentos e o destituiu, ao mesmo tempo que impediu os membros do "bando dos quatro" de serem designados como primeiro-vice-presidente e primeiro-ministro. Colocou Hua Kuofeng, seu ministro de Segurança, nesses postos, e praticamente definiu seu sucessor. Assim, quando Mao morreu, em setembro, a sucessão do poder na China estava definida. Só poderia ser desfeita por meio de um amplo processo democrático dentro do PC ou por algum golpe palaciano. Foi por esse caminho que enveredaram Jiang Qing e seu grupo, levando os demais membros do birô político a reagir e prendê-los.

O carnaval popular que se seguiu ao anúncio dessa prisão foi a demonstração eloquente de que a Revolução Cultural se esgotara. No entanto, como ficou evidente, dar fim a ela ainda demandava um complexo processo de avaliação histórica e de mudanças nas diretivas políticas herdadas de Mao Zedong.

## Avaliação histórica

Hua Kuofeng, que substituiu Mao na presidência do PC e como primeiro-ministro do Conselho de Estado, queria ater-se às "duas todas", isto é, pretendia seguir estritamente "todas as diretivas" e "todas as orientações" de Mao. O que estava em contradição com a situação da economia que necessitava de reajustamentos urgentes. Chegara a um ponto crítico, com quedas em itens importantes da produção, pequeno crescimento global e grandes perdas financeiras. Além disso, as "duas todas" conflitavam com as pressões pela reabilitação dos veteranos destituídos e pela revogação dos veredictos sobre eles.

Nas conversações da direção do PC com Deng Xiaoping, em maio de 1977, esse veterano considerou inaceitáveis as "duas todas". Se tal princípio fosse correto, não haveria motivo para reabilitá-lo, nem razão para considerar justificados os acontecimentos na Praça Tiananmen (Paz Celestial), em abril de 1976, quando a população foi homenagear Zhu Enlai e criticar o "bando dos quatro", entrando em choque com os milicianos. Deng frisou que a construção socialista, apesar dos avanços obtidos, falhara em progredir satisfatoriamente e envolvera o país em graves insucessos políticos. A China não superaria suas dificuldades se o PC não assumisse que cometera grandes erros, inclusive Mao, como seu principal dirigente. Se Mao reconhecera que algumas de suas decisões foram erradas e que ninguém poderia evitar cometer erros no trabalho, a menos que nada fizesse, por que os comunistas deveriam continuar atados às "duas todas"?

Deng Xiaoping defendeu, nessa ocasião, a necessidade de fazer uma apreciação profunda da economia chinesa e passar por um período de reajustamento extenso e complexo, para transformar os vários graus de desequilíbrio existentes num equilíbrio relativo. Isso, segundo ele, seria uma retirada parcial, no estilo da Grande Marcha, para preparar as condições de realizar as "quatro modernizações" requeridas pela sociedade chinesa. A China não se desenvolveria sem que tal reajustamento fosse realizado, o que incluía superar os elementos de instabilidade política e ideológica existentes na China, como o faccionismo e o anarquismo.

Havia problemas imediatos que afligiam o povo chinês, como a elevação dos preços, os privilégios dos quadros partidários e governamentais e a escassez de moradias. Também havia grande expectativa nacional e internacional sobre a avaliação de Mao Zedong e da Revolução Cultural, e a democracia não era difundida e promovida como um objetivo permanente. Nessas condições, Deng defendeu que se tomasse como princípio a correção de tudo que estivesse errado e dos erros do passado. Seria essencial encaminhar a solução dos problemas mais aflitivos do povo e realizar uma avaliação democrática e profunda da história da China, desde a fundação da República Popular, de modo a alcançar nova estabilidade e nova unidade no país.

Em julho de 1977, foi consumada a reabilitação de Deng Xiaoping e de outros veteranos. Mas o XI Congresso do PC, realizado em agosto, embora desse por encerrada a Revolução Cultural, não revogou as "duas todas". Foi preciso um persistente trabalho de jogar Mao contra Mao, reafirmando principalmente sua linha de massas (tomar as massas como o centro das preocupações) e seu estilo de trabalho (procurar a verdade nos fatos ou tomar a prática como critério da verdade), para mudar o foco do trabalho partidário e governamental da luta de classes para as "quatro modernizações" (indústria, agricultura, defesa nacional e ciência e tecnologia).

Durante a conferência preparatória da terceira sessão plenária do comitê central do PC, que durou um mês inteiro, Deng Xiaoping, Chen Yun, Li Xiannian e outros quadros veteranos e novos defenderam aquela mudança de foco, tendo por base a emancipação das mentes, a quebra dos tabus e a ultrapassagem dos limites das zonas proibidas por doze anos de domínio de Lin Biao e Jiang Qing. Para emancipar as mentes, era decisivo tomar a democracia como condição maior. As pessoas deveriam perder o medo de falar, abandonando as práticas de punir por qualquer falta, colocar rótulos e usar a crítica como se fosse uma grande vara.

Seus argumentos tinham como referência as teses de Mao. Primeiro, combinar em alto grau a democracia e o centralismo.

Depois, distinguir as contradições dentro do povo das contradições entre o povo e o inimigo e manejar cada uma delas com correção. Ainda depois, aplicar a fórmula unidade-crítica-unidade no tratamento das contradições dentro do povo e aprender dos erros do passado para evitar erros no futuro, curando a doença para salvar o paciente. Tudo isso exigia descentralizar a gestão e o poder de decisão e assegurar os direitos democráticos, consolidando os mecanismos de eleição, gestão e supervisão. A democracia deveria tornar-se lei, ser institucionalizada, de modo que não sofresse danos com o rodízio de lideranças, ou quando estas mudassem seus pontos de vista ou seu foco de atenção.

A terceira sessão plenária do comitê central do PC, de dezembro de 1978, fez a crítica das "duas todas" e revogou-as. Em 1979, a nova direção do PC e a do governo formaram uma Comissão Econômica e Financeira, dirigida por Chen Yun e Li Xiannian, para organizar todo o processo de reajustamento e preparar o plano de reformas e modernização. Sua atenção inicial deveria concentrar-se na efetivação do "sistema de responsabilidade" agrícola e na implantação das quatro Zonas Econômicas Especiais destinadas a atrair investimentos estrangeiros e acelerar a abertura ao exterior.

No final de 1980, Hua Kuofeng foi substituído por Hu Yaobang, como presidente do PC, e por Deng Xiaoping, como presidente da comissão militar. E, em junho de 1981, o comitê central do PC aprovou uma resolução sobre questões da história do partido, relativizando os erros de Mao Zedong, responsabilizando também outros dirigentes, inclusive Deng Xiaoping, por esses erros e considerando válidas as linhas mestras do pensamento de Mao Zedong, em especial as de integrar a teoria com a prática, forjar fortes laços com as grandes massas e praticar a autocrítica.

Com isso, estavam colocadas as condições para a China ingressar em seu vasto programa de reformas.

## 6. Novas combinações estratégicas

Até meados dos anos 90, poucos acreditavam que as novas estratégias de desenvolvimento da China produzissem sucessos duradouros. Para alguns, o futuro da Ásia ainda era associado apenas ao Japão. Para outros, o crescimento da China não compensaria o que chamavam de ressurgimento de velhos males das sociedades de classes, como a desigualdade social, desemprego, inflação e corrupção.

Além disso, muitos consideravam o regime comunista chinês baseado na repressão política. Advogavam, pois, que as "quatro modernizações" fossem acompanhadas de uma "quinta reforma", a reforma política, como tal entendendo a implantação de uma democracia de tipo ocidental. Para eles, apenas com um regime como o praticado nos países capitalistas do Ocidente seria possível mobilizar a energia, a competência e o talento do povo chinês. Fora disso, o que restaria para a China seria uma sociedade de tipo soviético, com um Estado forte e um povo escravo e miserável.

Outros generalizavam alguns comportamentos ressurgidos na mutante sociedade chinesa, a exemplo da ação de gangues, como indicação de que os ideais socialistas teriam sido abandonados. Para eles, falar em "socialismo de mercado" não passaria, pois, de um engodo. Alguns reconheceram que os chineses podiam visitar os demais países, mas lamentavam-se de que somente poderiam exercer esse direito se tivessem dinheiro, como se no resto do mundo fosse diferente. Partiam do princípio de que o socialismo deveria ser radicalmente diferente dos países capitalistas, significando igualdade total, e não um processo que transita da desigualdade (no caso da China, inicialmente abissal) para uma crescente igualdade.

Assim, a respeito da China, havia e ainda há inúmeras interpretações sobre seu caminho atual de reformas. Para muitos, seu futuro continua um enigma. No entanto, uma avaliação atenta dos princípios cardeais e das estratégias que orientam as reformas e as políticas desse país pode fornecer pistas para dizer-nos se os ideais da Revolução Chinesa permanecem ou foram abandonados.

## Quatro princípios cardeais

Antes de realizarem mudanças de rumo no início dos anos 80, os comunistas chegaram a um acordo sobre a necessidade de reavaliar sua economia e a história de trinta anos de República Popular, como condição para definir seu projeto de modernização futura.

Inicialmente, reconheceram que, apesar de todos os avanços, a China ainda era um dos países mais pobres do mundo, por haver partido de um atraso histórico profundo. Suas forças científicas, tecnológicas e educacionais estavam vinte a trinta anos atrás dos países desenvolvidos. Enquanto os EUA possuíam 1,2 milhão de pesquisadores científicos e a União Soviética novecentos mil, a China só possuía duzentos mil. Teriam que modernizar-se a partir de uma base fraca.

Depois, a China possuía uma população imensa, com pouca terra arável. A revolução científica e tecnológica, pela qual passava o mundo, mudara as condições da produção industrial e agrícola, que requeria um pequeno número de pessoas. Então, como modernizar a China e, ao mesmo tempo, dar trabalho e bem-estar à sua enorme população? Como evitar que as "quatro modernizações" criassem uma imensa população excedente e pobre?

Para atender às exigências de elevação do padrão de vida dos chineses, seria preciso desenvolver as forças produtivas do país pelas "quatro modernizações". Além disso, as experiências de desenvolvimento científico e tecnológico do mundo capitalista apontavam para uma crescente massa de desempregados, o que iria contra seus princípios socialistas, pois a China não teria condições de suportar massas desempregadas sem grandes convulsões. Como fazer a primeira e evitar a segunda?

Essas preocupações permearam as discussões realizadas por milhares de quadros do PC e do governo, entre 1977 e 1982, e levaram os comunistas a ancorar-se nos antigos princípios ideológicos e políticos, que os orientaram na Guerra de Resistência e, mal ou bem, nos anos posteriores à proclamação da República Popular. Persistir no caminho socialista, fortalecer o regime democrático popular e a direção do Partido Comunista e a adoção do marxismo e do pensamento Mao Zedong como guias teóricos foram reiterados como os quatro princípios cardeais aos quais deveriam ater-se na definição de suas políticas de modernização.

Concluíram que a China só se recuperara como nação após enveredar pelo caminho socialista. Embora as reformas representassem um recuo estratégico, como na Grande Marcha, os comunistas podiam transformá-lo em ofensiva, almejando a construção de uma civilização socialista com um alto nível cultural e ideológico, tendo como suporte uma civilização material forte. Por civilização com alto nível cultural e ideológico, eles definiram uma civilização elevada não apenas do indispensável ponto de vista educacional, científico e cultural, mas também do ponto de vista do pensamento, ideais, comportamento, moralidade, disciplina, atitude e princípios de camaradagem e solidariedade entre as pessoas.

Supunham que quanto mais as políticas de reforma e abertura da China fossem levadas adiante, mais os membros do Partido Comunista, em particular os quadros veteranos, teriam que se ater à ideologia e à moralidade comunistas e agir de acordo com elas. A jovem geração não poderia ser educada para dirigir o país e o povo na construção do socialismo se estivesse desarmada ideologicamente e se os dirigentes comunistas não dessem o exemplo. Nesse sentido, o combate aos crimes econômicos tornou-se uma questão vital para eles, logo de início.

Uma considerável quantidade de funcionários partidários e do governo deixara-se corromper após a abertura ao exterior e os estímulos à economia. Outra grande parte mostrara-se fraca e hesitante em tomar medidas contra os corruptos. Ideologicamente, não se dera conta da gravidade do problema e o tratara como algo comum. Mas, já em 1982, a maioria chegara à conclusão de que o combate à criminalidade econômica exigia medidas urgentes e duras, um verdadeiro *show* de força. Seria preciso destruir a ideia de que tal assunto teria tratamento suave e leniente, e convencer-se da necessidade de uma guerra constante e prolongada contra a corrupção, cujo fim talvez só viesse quando as "quatro modernizações" estivessem consolidadas.

A experiência também mostrara aos comunistas que manter o rumo socialista e enfrentar problemas como o da corrupção não seria possível se o regime democrático popular e a liderança do PC fossem enfraquecidos. Toda vez que isso acontecera, como na Revolução Cultural, a China correra o perigo de perder-se. E eles previam distúrbios pequenos e grandes no processo de modernização. Desde os crimes econômicos até aqueles resultantes das reformas nas estruturas partidárias, governamentais, econômicas e sociais e das dificuldades para retificar o estilo de trabalho dos membros e funcionários do PC e do governo, ainda contaminados pelos dez anos da Revolução Cultural.

Teriam que mudar a errônea falta de respeito aos intelectuais, sem o que não seria possível desenvolver a ciência e a tecnologia, nem dar à educação, como chave da modernização, a atenção necessária. Teriam, ainda, que mudar o sistema de liderança, acabando com a concentração de poderes e distinguindo entre as responsabilidades do partido e do governo, para evitar que o primeiro substituísse o segundo, o que exigia o fim da vitaliciedade em postos de direção e a melhoria da seleção e rodízio de dirigentes. E, mais do que tudo, teriam que levar os membros e dirigentes do PC a se considerarem iguais a quaisquer outros cidadãos, fazendo que a democracia e a legalidade socialistas fossem institucionalmente inseparáveis.

Todas essas questões dependiam, porém, da avaliação do marxismo e, mais precisamente, do pensamento de Mao

Zedong, como adaptação do marxismo à realidade chinesa. Essas teorias haviam desempenhado papel importante nas transformações do país, e, do ponto de vista político, sua avaliação seria crucial para forjar uma nova unidade social e política na China, indispensável para ingressar no caminho das reformas e da modernização.

O que foi principal na trajetória revolucionária de Mao, seus erros ou acertos? O que foi principal nas políticas do PC, seus erros ou acertos? E ainda, os erros do PC podem ser tidos como responsabilidade única de Mao Zedong? Durante mais de um ano, entre 1980 e 1981, milhares de quadros comunistas trabalharam nessas e outras questões, concluindo que o principal na trajetória de Mao foram seus acertos. Deng Xiaoping disse que "não haveria exagero em afirmar que sem Mao não existiria a Nova China" e que suas contribuições para a revolução não poderiam ser desprezadas para os embates futuros.

Como todo homem, Mao, entretanto, não era infalível, pois havia cometido uma série considerável de erros, principalmente durante a Revolução Cultural. Mas muitos desses erros não foram somente responsabilidade dele. Em várias ocasiões, dirigentes partidários, como Liu Shaoqi, Zhu Enlai, Deng Xiaoping, Chen Yun e outros, participaram das decisões errôneas de Mao e nada disseram contra. Isso ocorreu mesmo durante a Revolução Cultural, que não deveria ser vista apenas como um desvio de política. Seria necessário examiná-la de um ângulo científico e histórico, em toda a sua extensão e profundidade, por haver representado, segundo o próprio Deng Xiaoping, um estágio no desenvolvimento socialista da China.

Desse modo, os comunistas concluíram que, no curso da revolução em que estariam empenhados para implementar as "quatro modernizações", seria necessário não só continuar integrando os princípios universais do marxismo com a prática concreta dessa modernização, como fizera Mao no período da revolução da Nova Democracia, mas também estudar economia, ciências, tecnologias e administração, para enfrentar os novos problemas e a nova situação.

## Planejamento, mercado e propriedade

Ao mesmo tempo que resgatavam seus quatro princípios cardeais, os comunistas se empenharam nos reajustamentos de sua economia, realizando cortes nos grandes projetos e concentrando recursos no desenvolvimento da agricultura, produção de bens de consumo de massa, fontes energéticas, transportes, educação, saúde pública, cultura e ciências. E sua Comissão de Economia e Finanças trabalhou para definir as linhas gerais das reformas, optando por um programa gradual e de longa duração, tendo por base experimentos variados antes de disseminar cada reforma por todo o país e, por meta, uma economia moderadamente desenvolvida em duas décadas.

Entre 1978 e 1984, os reajustamentos foram generalizados, mas as reformas concentraram-se na agricultura e na abertura ao exterior. Em 1984, numa perspectiva de trinta a cinquenta anos, começou um processo combinado de reformas urbanas na indústria, comércio, finanças, serviços, educação, cultura, política, estrutura estatal, salários, preços etc. Visando a um desenvolvimento relativamente rápido e, ao mesmo tempo, à estabilidade econômica, social e política, essas reformas utilizaram combinações estratégicas como as que relacionam planejamento e mercado, propriedade social e propriedade privada, trabalho intensivo e capital intensivo, baixas e altas tecnologias, protecionismo e livre comércio, e regulação e desregulação.

No período anterior a 1980, o planejamento centralizado determinava todo o processo produtivo e distributivo. Em geral, os comunistas consideravam o mercado incompatível com uma economia socialista. Entretanto, a reavaliação do mercado como uma criação histórica anterior ao capitalismo, cujo papel não pode ser eliminado por medidas administrativas, levou-os a combinar o planejamento (macroeconômico e macrossocial) com o mercado.

O mercado voltou a ser a base para o cálculo econômico e o principal regulador dos preços e das demandas produtivas. Mas o Estado, pelo planejamento macro, retificava os desvios do mercado e agia no sentido de orientá-lo de acordo com as estratégias da construção econômica e das reformas. Desse modo, tanto há cooperação do planejamento com o mercado quanto tensão e conflito entre ambos.

Por exemplo, ainda subsistem monopólios estatais em áreas sensíveis do abastecimento e ainda existem preços administrados para uma série de produtos básicos, como alimentos populares, transportes etc. No entanto, a tendência é que, à medida que a escassez seja superada e os rendimentos elevados, os monopólios restantes sejam quebrados e o mercado vá paulatinamente determinando todos os preços conforme a relação entre a oferta e a procura.

O governo, por sua vez, mantém estoques estratégicos e estoques reguladores, assim como sistemas de acompanhamento de ofertas e preços, de modo a evitar migrações erráticas de capitais para uns produtos em detrimento de outros. Além disso, o Estado procura ter uma visão clara das potencialidades do país, das suas cadeias produtivas e do processo geral de desenvolvimento técnico-científico. Atua, então, para completar as antigas cadeias produtivas, instalar novas cadeias decorrentes do desenvolvimento tecnológico, evitar a instalação de novas unidades produtivas em mercados já saturados e assim por diante. Ou seja, procurando conhecer os movimentos do próprio mercado, o planejamento macro orienta-o para aproveitar suas potencialidades e evitar seus defeitos e seus males, embora os riscos sejam evidentes principalmente quando se dá livre curso a diversas formas de propriedade.

Em 1978, existiam na China apenas duas formas de propriedade social: a propriedade estatal e a coletiva. A propriedade estatal era tida como propriedade pública sob gestão do governo, a coletiva, assemelhada à propriedade cooperada no Brasil, era uma mistura de propriedade social e privada, na medida em que pertencia coletivamente, mas apenas a uma parcela da sociedade. Durante os períodos de maior centralização, ambos os tipos de propriedade chegaram a ser confundidos como propriedade estatal, visto que deveriam seguir os planos microeconômicos determinados pelo Estado.

As reformas modificaram esse cenário. As unidades familiares camponesas voltaram a operar sobre a terra nacionalizada, por meio de contratos de responsabilidade com as cooperativas. Por esse contrato, os lavradores produzem conforme sua própria organização, mas se comprometem a vender ao Estado, pelas cooperativas, um determinado volume de sua produção, por um preço preestabelecido. Tudo o que produzirem a mais poderão vender, a preço de mercado, ao Estado ou diretamente ao próprio mercado. Nessas condições, a terra continua propriedade pública, mas seu usufruto e a organização camponesa são privados.

As empresas estatais, cerca de 30% do total das empresas da China, continuaram propriedade de toda a sociedade, gerida pelo Estado. No entanto, elas não têm mais poder monopolista (a não ser em alguns casos), nem estão mais subordinadas a planos obrigatórios. Têm autonomia para atuar no mercado como qualquer outro tipo de empresa. São geridas por meio de contratos de responsabilidade assinados entre as assembleias de empregados e o governo, e devem ter rentabilidade suficiente para realizar sua própria acumulação para investimento e expansão.

A legislação econômica chinesa separou propriedade e gestão. Uma estatal, dependendo de sua importância estratégica, pode ter uma gestão eleita pelos empregados e funcionários, uma gestão escolhida por acordo entre os empregados e o governo, ou uma gestão profissional contratada fora dos quadros dos empregados e do governo. As empresas coletivas, cerca de 45% das empresas chinesas, são propriedade de seus empregados e funcionários e escolhem seus diretores, gerentes e técnicos, seja em seus próprios quadros, seja fora deles. Como qualquer cooperativa, elas respondem por seus lucros e perdas, atuando livremente no mercado.

A legislação chinesa também permite a existência de empresas privadas nacionais e estrangeiras, que hoje representam cerca de 25% do total da China, atuando no mercado com a mesma liberdade e os mesmos direitos das empresas estatais e coletivas. Há também inúmeros tipos de propriedades mistas entre empresas estatais e empresas coletivas, entre empresas estatais e empresas privadas nacionais ou empresas privadas estrangeiras, entre empresas coletivas e empresas privadas e entre empresas privadas nacionais e empresas privadas estrangeiras.

A linha mestra da estrutura de propriedade chinesa consiste em ter o setor público (estatal e coletivo) como corpo principal, ao mesmo tempo garantindo, constitucionalmente, que as empresas individuais e privadas, nacionais e estrangeiras, assim como as diversas empresas mistas, possam desenvolver-se sem embaraços.

Na economia urbana, a China possuía, no ano 2000, cerca de trinta milhões de empresas individuais e privadas, tanto industriais quanto comerciais e de serviços, empregando mais de setenta milhões de pessoas. Havia perto de 250 mil empresas sino-estrangeiras e exclusivamente estrangeiras e 680 mil empresas cooperativas por ações, que respondiam por uma parcela relativamente pequena do emprego, mas produziam mais de 10% do PIB e mais de 40% das exportações. Cerca de dez milhões de empresas de propriedade pública, estatais e coletivas, respondiam por mais de oitenta milhões de empregos e 70% do PIB.

Nas zonas rurais, as atividades agrícolas são desenvolvidas tanto por unidades familiares camponesas e por unidades individuais, de propriedade privada, quanto por granjas estatais e coletivas, de propriedade pública. As unidades familiares englobam cerca de 250 milhões de camponeses, enquanto as unidades individuais e as granjas públicas abarcam cerca de vinte milhões de trabalhadores rurais.

Na agricultura, já é comum uma certa verticalização, com o estabelecimento de contratos entre granjas estatais ou coletivas e unidades familiares, para plantações ou criações que exijam o uso da ciência agronômica, sendo essa uma das formas de transmitir aos produtores individuais e familiares a ciência e a tecnologia agronômicas. No final do século XX, em grande parte das localidades rurais, a maioria da população já não estava dedicada à agricultura, mas sim à produção industrial, manufatureira, artesanal e aos serviços e comércio rurais, sendo evidente a redução da distinção campo-cidade, em particular nas regiões orientais do país.

## Trabalho, capital e tecnologias

No início dos anos 80, a força de trabalho chinesa somava quase setecentos milhões de pessoas. A cada ano, a China precisava criar cerca de 12-14 milhões de novas vagas para atender a população jovem que ascendia ao mercado de trabalho. Nessas condições, a modernização poderia transformar-se num problema social sério se o desemprego ultrapassasse um certo patamar da população economicamente ativa e o Estado não tivesse recursos para assegurar a vida dos desempregados.

Em vista disso, além de implementar um rigoroso programa de controle da natalidade, estabelecer a idade limite de sessenta anos para aposentadoria e reduzir a jornada de trabalho para quarenta horas semanais, os planejadores chineses se empenharam em combinar a utilização do capital intensivo com trabalho intensivo. Utilizam a ciência e as novas tecnologias para a construção de máquinas, equipamentos e unidades produtivas de alta produtividade e pouco emprego de mão de obra, sem abandonar a ampla utilização de unidades produtivas, manufaturas e linhas de produção e montagem tradicionais, com emprego maciço de mão de obra, como os setores industriais das zonas rurais.

Nas zonas urbanas, no entanto, também existem empresas industriais de trabalho intensivo, principalmente na produção de artesanatos, brinquedos, materiais de construção e outros produtos de baixa e média tecnologia. Com isso, o desemprego tem se mantido em cerca de 3%-4% da população economicamente ativa. Mas, a médio prazo, a modernização tenderá a atingir todos os setores da economia. Quando isso acontecer, os planejadores chineses esperam que a China já tenha uma capacidade de produção de riqueza que permita reduzir constantemente a jornada de trabalho e o limite da aposentadoria e manter baixas taxas de desemprego. Ou buscar uma solução de novo tipo para a contradição entre o desenvolvimento tecnológico e o emprego da força de trabalho.

Mesmo porque o controle da natalidade tem limites históricos. Independentemente dos problemas e resistências que enfrentou e continua enfrentando, principalmente nas áreas rurais mais atrasadas, em que os filhos homens e as famílias numerosas são considerados garantia da velhice para os pais, em algum momento o controle terá que ser afrouxado para evitar que a proporção de velhos na população cresça em demasia.

Além disso, a combinação do uso das tecnologias tradicionais e das novas tecnologias não está relacionada somente ao problema do emprego, mas também a problemas históricos. Ainda no início do século XXI, a maior parte das empresas chinesas era constituída de empreendimentos que se utilizavam de tecnologias tradicionais. Na agricultura, em particular, essa situação envolvia algumas centenas de milhões de camponeses, embora tais técnicas antigas ainda permitam uma produtividade relativamente alta.

Uma transformação abrupta das unidades industriais e agrícolas de baixa tecnologia poderia criar um caos econômico e social na China. Em tais condições, durante um tempo relativamente longo, ainda será possível encontrar nesse país ramos, setores e unidades funcionando com tecnologias bastante atrasadas e superadas, convivendo com unidades de altíssima tecnologia, como já ocorre nas indústrias espacial, aeronáutica, farmacêutica, de biotecnologia e outras.

Para assimilar e adaptar as altas e novas tecnologias, a China possui programas com fundos especiais para estimular suas pesquisas e seu desenvolvimento. A condição principal, embora não a única, para a aceitação de investimentos estrangeiros na China é o aporte de novas e/ou altas tecnologias. E em todo o país estão sendo construídas zonas econômicas de desenvolvimento tecnológico, de modo a facilitar a interação entre as diversas empresas que trabalham com tecnologias avançadas, e delas com as universidades e centros de pesquisas. Milhares de estudantes são enviados ao exterior, todo ano, para estudar e trabalhar por algum tempo em empresas avançadas, de modo que façam aportes científicos e tecnológicos ao país no seu retorno.

Por sua vez, as empresas com tecnologias atrasadas são estimuladas a modernizar-se paulatinamente, pela constante difusão das novas tecnologias, do trabalho de incubadoras de empresas e de outras formas que permitam a transformação tecnológica a médio e longo prazos.

### Protecionismo, abertura e regulação

A rigor, o processo de abertura da China ao exterior teve início nos primeiros anos de 1970, mas foi a partir de 1979 que ela deu um passo decisivo para a recepção de investimentos estrangeiros e novas tecnologias, com a criação das Zonas Econômicas Especiais (ZEE) e dos Portos Abertos.

Naquela ocasião, muitos críticos consideraram contraditórias essas ZEE. Por um lado, elas apresentariam características adequadas a um país socialista, ao instalar-se como centros experimentais para as reformas e desenvolver uma economia voltada para a exportação. Por outro, também apresentariam características nada socialistas, ao não serem guiadas pela regulação do plano estatal, nem adotarem medidas de isolamento administrativo que impedissem as empresas estrangeiras, com maior produtividade, de competir no mercado doméstico chinês.

Segundo esses críticos, ao permitir que as ZEE mantivessem laços econômicos intensos com o resto do país, o governo chinês teria sucumbido à velha concepção colonialista de portos abertos, o que, inevitavelmente, geraria desigualdades crescentes, com a superexploração da mão de obra desqualificada, a carência de espaços e energia, a distância dos grande centros, os déficits comerciais nas relações externas etc. Em tais condições, a justificativa de que as ZEE estariam subordinadas à orientação socialista de desenvolvimento e que contribuiriam para implementar o sistema socialista estaria muito longe de qualquer concepção de socialismo.

O desenvolvimento das ZEE, e da China como um todo, parece ter mostrado que tais críticos não tinham razão. A abertura ao exterior não foi geral nem indiscriminada. Durante mais de uma década, os investimentos estrangeiros limitaram-se às ZEE, tinham como condição se associar a alguma empresa nacional, estatal ou coletiva, aportar novas tecnologias e exportar toda a sua produção. Em outras palavras, o mercado doméstico chinês estava aberto à introdução das novas tecnologias que podiam ser úteis à modernização de suas próprias empresas nacionais, mas não aos produtos das empresas mistas sino-estrangeiras.

Desse modo, a China praticou abertura e protecionismo. Só à medida que suas próprias empresas ganharam experiência e competitividade para disputar com as empresas estrangeiras, inclusive nos mercados externos, ela foi abrindo seu mercado interno, processo que continua. Entre 1980 e 2000, houve uma paulatina abertura das portas da China para produtos externos, ao mesmo tempo que empresas chinesas se jogavam no comércio internacional e conquistavam fatias desse mercado. Essa política permitiu à China tornar-se um dos grandes receptores mundiais de capitais externos, um dos grandes exportadores mundiais de mercadorias e, recentemente, um crescente exportador de capitais.

Assim, ao mesmo tempo que solicitava seu ingresso na Organização Mundial do Comércio (OMC), para evitar retaliações de que não podia contestar por estar fora dessa organização, a China preparava-se internamente para enfrentar a concorrência dos produtos estrangeiros. Só no início do século XXI, ela começou a abrir áreas como seguros, bancos e comércio interno à participação estrangeira, mas ainda deve manter algum tipo de protecionismo naqueles setores em que suas empresas nacionais não estão suficientemente preparadas para suportar a concorrência externa.

Nesse sentido, desde 1980 a China tem feito um esforço considerável para aprovar uma série de leis econômicas. Leis sobre investimento e funcionamento, registro e administração, administração trabalhista, contabilidade e imposto de renda de empresas de capital misto sino-estrangeiro; leis sobre o imposto de renda, redução ou isenção do imposto de renda e imposto comercial e industrial para as empresas instaladas nas ZEE; leis sobre investimento e funcionamento de empresas de capital puramente estrangeiro; leis sobre a reestruturação das empresas estatais, sobre a falência das empresas estatais, e assim por diante, conformando uma legislação econômica quase completa.

Ao entrar no século XXI, a China possuía uma legislação que dava segurança e estímulo às atividades econômicas, com canais abertos para o fluxo interno e externo de capitais, para a compra e venda de mercadorias, para a contratação e demissão de trabalhadores, para financiamento de créditos bancários, para arrendamento de equipamentos e/ou empresas e para a participação em licitações públicas. Em certo sentido, a regulação macroeconômica permitiu uma ampla desregulamentação microeconômica.

A China introduziu nessa legislação válvulas de segurança que lhe permitem coibir abusos. Por exemplo, os lucros das empresas estrangeiras podem ser repatriados e não há lei alguma regulando tal ato. No entanto, as exigências sobre os dados contábeis, sobre o cálculo dos lucros e sobre os percentuais que devem ser reinvestidos e exportados estão claramente definidos em contrato. Portanto, fraudes nesse terreno podem ser duramente punidos pela legislação geral. O mesmo ocorre em relação às demissões de trabalhadores, aos cuidados ambientais e a outros pontos da atividade empresarial. Desse modo, regulação macro e micro e desregulação micro se combinam para criar um ambiente econômico favorável.

Para garantir a implementação das leis, as reformas têm avançado cada vez mais na definição das funções específicas das esferas legislativas, executivas, judiciárias e públicas não estatais, de tal forma que o controle legal seja exercido por meio de múltiplos canais, e sua observação seja uma obrigação de toda a sociedade. Os tribunais chineses, em seus diferentes níveis, ganharam uma independência que antes não possuíam, e os cursos e escritórios de advocacia multiplicaram-se para dar suporte jurídico às demandas e querelas econômicas e de outros tipos.

## 7. Estratégias de orientação

Os planejadores chineses não têm se orientado apenas por seus princípios cardeais e por suas combinações estratégicas. No tratamento da economia e da sociedade chinesa como um todo articulado, eles têm agregado àqueles princípios e combinações o que chamam de estratégias orientativas, tais como prioridade à agricultura, modernização das estatais, quebra dos monopólios, ampliação dos mercados, construção de cadeias produtivas completas, papel central da educação e das ciências e tecnologias e "enriquecimento em ondas".

### Prioridade agrícola

A China possuía, em 2002, quase um bilhão e trezentos milhões de habitantes, cerca de 22% da população do globo. Entretanto, sua terra arável compreendia apenas 7% do planeta, sem chance de expansão significativa. O que, por si só, já exigiria que não se considerasse a agricultura algo de menor importância. Afora isso, nas zonas rurais ainda estavam concentrados, no início do século XXI, cerca de 70% da população chinesa.

Nos seis mil anos de história escrita da China, foi quase sempre o campo a principal fonte das instabilidades, distúrbios, insurreições, guerras civis, trocas de dinastias e mudanças de regimes políticos. Mesmo após a proclamação da República Popular, foram em geral problemas relacionados com a agricultura (e, portanto, com os camponeses) a fonte de muitas das dificuldades governamentais. Nessas condições, manter uma agricultura diversificada e pujante é uma questão estratégica para a China.

De seus principais cultivos, como o trigo, o milho, a soja e a batata, o arroz é o principal deles, constituindo cerca de 40% do total da produção cerealífera do país. Além disso, a China produz, como cultivos industriais, algodão, amendoim, colza, gergelim, cana-de-açúcar, chá, fumo, amoreira e frutas. E possui cerca de trezentos milhões de hectares de pastagens naturais, situadas principalmente na Mongólia Interior, na depressão Tianshan-Altay, no Xinjiang e no Qinghai-Tibete, mas sua produção de carne bovina ainda é relativamente baixa. Seus principais produtos animais são suínos, carneiros, galinhas, patos, gansos, coelhos e pescados.

No processo de modernização iniciado em 1978-1980, a pressão sobre essa produção agrícola aumentou. Por um lado, porque a elevação do poder de compra e do padrão de vida da população incrementou a procura por alimentos, embora a participação relativa destes nas despesas familiares tenha decrescido. Por outro, porque, nas periferias das cidades, as novas estradas, avenidas, fábricas e zonas habitacionais avançaram sobre as terras agrícolas suburbanas, que sempre desempenharam papel importante no abastecimento citadino, reduzindo as áreas de cultivo.

Apesar dessas dificuldades, ainda com suas tecnologias tradicionais, a China deu um salto em sua produção de grãos, passando de 304 milhões de toneladas, em 1978, para cerca de quinhentos milhões de toneladas em 2000. Outros produtos, como algodão, oleaginosas, cana e frutas, também apresentaram aumentos significativos, dobrando ou triplicando o volume produzido. Mas foram os pescados os que apresentaram um dos desenvolvimentos mais expressivos após o início das reformas, em virtude da atenção que passou a ser dada à aquicultura de água doce e marinha e à pesca oceânica. O volume de produtos aquáticos, que era de quatro milhões de toneladas em 1978, cresceu a um ritmo de dois milhões de toneladas anuais. Em 2002, apenas a produção da aquicultura foi de 36 milhões de toneladas, enquanto a de outros pescados foi de dezessete milhões, ambas bem acima dos maiores produtores mundiais.

Com todo esse avanço, as tecnologias tradicionais não são mais capazes de fazer que a produção agrícola da China cresça a uma taxa mínima de 1% ao ano, ou impedir quebras significativas de safra. E qualquer quebra de 10% nas safras, sem muita significação para muitos países, na China pode representar cinquenta milhões de toneladas e problemas no abastecimento. Nessas condições, o aumento da produtividade do solo e do trabalho, com a introdução das ciências e das tecnologias agronômicas, tornou-se um problema essencial para manter a prioridade da agricultura.

Mesmo porque, embora a China esteja disposta a importar alimentos – está importando soja e açúcar do Brasil, trigo da Argentina e outros alimentos de outros países –, ela não pretende perder sua autossuficiência. Pretende crescer pelo menos 1% ao ano, garantindo preços adequados aos produtores, ampliando o fornecimento dos insumos essenciais à produção, acudindo os camponeses nas situações emergenciais e realizando um esforço constante de pesquisa, desenvolvimento e difusão agronômicos, por meio de milhares de centros tecnológicos e das granjas estatais espalhados por todo o território.

A elevação da produtividade da agricultura já vem acarretando, em muitas áreas, uma crescente mão de obra excedente. Essa força de trabalho tem sido aproveitada na expansão das empresas de cantão e povoados, fundadas durante o período das comunas populares como indústrias artesanais, agroindústrias de processamento e empresas de serviços. As reformas transformaram essas empresas na base da industrialização, do incremento das atividades mercantis e da estrutura de serviços nas zonas rurais.

Elas se dedicam tanto à produção de artigos industriais, como confecções, pequenos motores, implementos agrícolas, materiais de construção, artesanatos e uma série considerável de outras mercadorias, muitas delas para exportação, quanto ao processamento de produtos agrícolas, ao comércio, à construção, aos transportes e às comunicações. Elas eram responsáveis, no início do século XXI, por mais de 50% do valor da produção das zonas rurais e pelo emprego de mais de 130 milhões de trabalhadores. Desse modo, além de reduzir a diferença entre a cidade e o campo, a industrialização rural permite que a força de trabalho dispensada pelo aumento da produtividade agrícola seja absorvida nas próprias zonas rurais, evitando o inchaço desmesurado das cidades.

## Estatais, monopólios e mercados

As empresas estatais chinesas eram e continuam instrumentos de efetivação das políticas econômicas do Estado. Como suas principais contribuintes (70% da arrecadação), elas controlam um enorme montante de ativos, que são responsáveis pela maior parte da produção, da renda e do emprego do país.

Historicamente, eram o principal esteio da política 1:3 (uma função para três trabalhadores) de pleno emprego, na prática um empecilho a seu desenvolvimento tecnológico e ao aumento da produtividade. Elas também não possuíam autonomia, restringindo-se a cumprir as metas quantitativas dos planos estatais. Seus antigos gestores, indicados pelo governo, formaram-se assim num processo em que inovações, eficácia de métodos gerenciais e administrativos, contratação e dispensa de trabalhadores, contabilidade de custos e rentabilidade eram estranhos à sua atividade.

Para modernizar-se, as estatais precisavam resolver uma série de problemas de ordem ideológica, política e de segurança do Estado, entre os quais as dificuldades para realocar seus trabalhadores excedentes, o que exigia que sua reforma fosse paulatina e controlada. Assim, entre 1978 e 1984, a reforma das estatais concentrou-se na concessão de mais poderes e lucros às empresas, com autonomia para atuar no mercado. A partir de 1984, a reforma iniciou a separação entre o direito de propriedade e o poder de gestão, com a adoção de diferentes tipos de gerenciamento.

Ao conquistar autonomia, participar do mercado e adotar novos métodos de gestão, as estatais elevaram sua eficácia e seus lucros, enxugando seus corpos operativos, administrativos e diretivos. Ao mesmo tempo, porém, foram obrigadas a criar projetos de reemprego e estabelecer o sistema de seguridade social para manter o padrão de vida dos trabalhadores dispensados.

O número de seus funcionários caiu de 74 milhões em 1978 para perto de 25 milhões em 1995, patamar que vem se mantendo desde então. Mas isso também representou a criação de milhões de novas empresas, que não teriam surgido se as estatais não financiassem o reemprego e a realocação.

Desde 1993, as estatais ingressaram na fase de estabelecer um sistema empresarial moderno, visando tornar-se altamente rentáveis e modelos na utilização de sistemas gerenciais e técnico-produtivos avançados científica e tecnologicamente. Isso significa funcionar de acordo com as demandas da economia de mercado e de uma produção de massa, definir os direitos de propriedade dentro da empresa, estipular os direitos e responsabilidades da empresa na sociedade, separar a administração governamental da gestão empresarial e adotar a gestão científica na produção e nos negócios.

As siderúrgicas Baoshan, Anshan e Handan e o Grupo Farmacêutico do Nordeste são exemplos de modernização e capacidade competitiva internacional. A siderúrgica Baoshan, aliás, já se encontra no mercado brasileiro, por meio de um acordo com a Companhia Vale do Rio Doce. O avanço na eficiência e rentabilidade das estatais permitiu-lhes elevar seus lucros a mais de US$ 19 bilhões em 2001, cerca de 14% a mais do que em 2000. Apesar disso, muitas delas se encontram em setores de baixo conteúdo tecnológico e pouco peso na economia nacional.

Ainda persiste a demora em reformar o direito de propriedade, separar a administração governamental da gestão empresarial e estabelecer um sistema gerencial dos ativos, no qual os direitos e responsabilidades estejam claramente definidos. E não são poucas as que têm dificuldade em alcançar estabilidade num ambiente de mercado, com seus equipamentos obsoletos e seus produtos sem aceitação. Nesses casos, proprietários coletivos ou privados podem arrendar tais empresas, para modernizá-las ou transformá-las, ou elas simplesmente podem falir e ser fechadas.

Com a entrada da China na OMC, em 2001, a modernização das empresas estatais chinesas foi acelerada. Os chineses estimam que, entre 2005 e 2010, todas tenham alcançado o padrão científico e tecnológico básico. Se isso for verdade, as estatais chinesas manterão seu papel de instrumentos principais para a realização das políticas macroeconômicas de desenvolvimento, com os mesmos direitos e deveres dos demais tipos de empresas e competindo com elas no mercado em eficácia, eficiência e rentabilidade. Os comunistas chineses creem que esse é o caminho mais adequado para demonstrar a superioridade das empresas de propriedade social.

Nesse sentido, eles também concluíram, depois de trinta anos de monopolização estatal de vários setores de sua economia, que os monopólios, suas decisões unilaterais e seus preços administrados são um empecilho para o desenvolvimento econômico e social. A partir daí, vêm paulatinamente quebrando, seja desdobrando-os em várias empresas estatais que concorrem entre si e com autonomia no mercado, seja permitindo a entrada de empresas coletivas e privadas nacionais e estrangeiras em diversos ramos e setores da economia que eram monopolizados.

Com isso, desde 1980, o mercado doméstico chinês configura-se como um mercado de múltiplos setores. Os mercados urbanos e rurais conectam-se, progressivamente, entre si e com os mercados regionais e internacionais, por meio de empresas de diferentes tipos. No final de 2000, apenas algumas mercadorias, cuja demanda ainda superava a oferta, encontravam-se controladas por monopólios estatais. O mercado de consumo ganhara uma dimensão inusitada e todas as demais mercadorias tinham livre curso. Seus preços estavam subordinados à lei da oferta e da procura e os tíquetes de racionamento haviam sido abolidos.

O mercado de trabalho também passou a ser regido pelas leis da oferta e da procura. Desde o final dos anos 90, nenhum trabalhador estava atrelado às unidades de trabalho, como ocorria no passado. Sua *danwei*, ou carteira de trabalho, como no Brasil, tornou-se apenas uma carteira que indica onde ele está trabalhando. As empresas conquistaram o direito de despedir um empregado, da mesma forma que este pode se demitir e procurar um emprego que considere melhor. O Estado atua no sentido de ofertar condições de realocação para os demitidos, por meio de programas específicos das empresas estatais e das agências de fomento para a constituição de novas empresas.

No mercado de moradias, o Estado mantém sua política geral de impedir o inchamento desordenado das cidades, só permitindo a troca de moradias com a comprovação de um trabalho permanente. Mas as famílias têm sido estimuladas a comprar suas moradias por meio de sistemas especiais de crédito, gerenciados por companhias imobiliárias estatais e privadas. A administração pública também promove o uso compensatório dos terrenos, de modo a multiplicar os investimentos individuais, familiares e privados nos programas de moradias. Com isso, caiu em desuso a necessidade de obter tíquetes para o acesso a habitações e/ou alojamentos.

Entre 1979 e 2000, os investimentos em moradia representaram cerca de 23% dos investimentos em ativos fixos sociais do país, e a superfície das habitações foi ampliada em mais de dezoito bilhões de metros quadrados. Nas cidades, a área habitacional *per capita* passou de 3,8 m$^2$, em 1978, para 9,3 m$^2$, em 1998, enquanto nas zonas rurais passou de 8,1 m$^2$ para 23,7 m$^2$. As metas de moradia para 2010 preveem que os programas de construção habitacional proporcionarão a todas as famílias urbanas do país moradias com funções completas, constituídas de 15 a 18 m$^2$ de superfície de uso por pessoa.

A quebra dos monopólios e a utilização de diferentes formas de propriedade também conduziram ao desenvolvimento de um mercado de capitais na China, inexistente até os anos 90. Crédito, ações, bônus do tesouro e diversos outros mecanismos de fluxo de capitais, a exemplo das taxas de juros, rolagem de empréstimos, redescontos e fundos de poupança, já são figuras comuns no cotidiano chinês. As bolsas de valores de Xangai e Shenzhen são os símbolos mais evidentes da dimensão do mercado de capitais da China.

O mercado doméstico multissetorial chinês conformou-se, assim, como um grande mercado de massas. Durante os anos

90, ele se mostrou em condições de suportar os ritmos de crescimento da economia nacional, mesmo no caso de turbulências internacionais. Transformou-se no principal sustentáculo do desenvolvimento do país, passando relativamente incólume pelas crises financeiras de 1997 e 1999 e enfrentando relativamente bem a crise mundial deflagrada pela recessão dos Estados Unidos a partir de 2001, sem deixar de aproveitar as oportunidades para ampliar sua presença no mercado internacional, como demonstram o crescimento de suas exportações e o aumento de seus saldos comerciais e do volume de capitais obtidos em 2000, 2001 e 2002.

## Cadeias produtivas completas

A China é um país continental com mais de 9.500.000 km$^2$, com inúmeros recursos minerais, hidráulicos e de flora e fauna. Embora seus solos aráveis sejam relativamente limitados e suas pastagens naturais, assim como a maior parte de sua superfície, estejam geralmente acima de mil metros de altitude, suas potencialidades naturais permitiram que ela empreendesse o domínio e a instalação do máximo de cadeias produtivas possíveis em seu território.

Tal política transformou a China numa poderosa exportadora de produtos manufaturados. Ela procura exportar matérias-primas apenas em certas condições especiais, preocupando-se principalmente em agregar valor a seus produtos primários e intermediários. Entre 1980 e 2000, o desenvolvimento preferencial da economia chinesa esteve voltado para a indústria leve, construção infraestrutural de energia, transportes e telecomunicações e importação de artigos de consumo de alta qualidade. Em vista disso, a proporção entre os setores primário (agricultura), secundário (indústria) e terciário (serviços) da economia se modificou. O incremento do valor global da economia, antes baseado nos setores primário e secundário, passou a ser impulsionado pelos setores secundário e terciário, com o setor secundário constituindo o principal meio de crescimento econômico.

No setor primário, a participação das lavouras no valor total da produção baixou, enquanto subiu a participação da silvicultura, pecuária e pesca. Nas lavouras, o peso dos cultivos industriais tornou-se maior do que o dos cultivos de cereais. Por sua vez, nas zonas rurais, os setores secundário e terciário tornaram sua participação maior do que a do setor agrícola. Desde 1987, o valor total da produção das empresas industriais de cantões e povoados tornou-se superior ao valor total da produção agrícola, eliminando paulatinamente as diferenças entre o campo e a cidade.

No setor secundário, a composição de tipo leve das indústrias de bens de consumo de massa está evoluindo para uma composição de tipo pesado, cuja principal característica são os investimentos. Hoje a China tem em funcionamento cadeias completas de produtos industriais dos mais diferentes ramos. Elas compreendem os ramos básicos (siderurgia, energia, química e mecânica) e suas diversas derivações (como as indústrias de máquinas e equipamentos pesados), os de alta tecnologia (informática, eletrônica, aeronáutica, aeroespacial, biotecnologia etc.) e os leves, compreendendo mais de quarenta ramos (dos utensílios de uso doméstico e alimentos aos eletrodomésticos e confecções).

No setor terciário, a proporção dos transportes, comércio e ramos tradicionais está diminuindo em relação aos bens imóveis, finanças, seguros, serviços de telecomunicações e turismo. Em todos esses setores, os monopólios foram quebrados, com a formação de diversas companhias, a maior parte estatais, que competem entre si. O turismo e as telecomunicações foram os que deram os saltos mais impressionantes no processo de crescimento chinês.

Até 1978 o turismo, tanto doméstico quanto internacional, era residual, apesar da rede que tinha como centro a Agência de Viagens Internacionais da China. Em 1998, porém, o número de turistas havia crescido 35 vezes, e os lucros com o turismo 48 vezes, comparativamente a 1978. Cerca de 64 milhões de turistas do exterior visitaram a China naquele ano, sendo 57 milhões de chineses de ultramar e sete milhões de estrangeiros. E o turismo doméstico e da China para o exterior abrangeu mais de seiscentos milhões de pessoas. Para atender a esse crescimento, o governo chinês não só está procurando melhorar os serviços receptivos, como passou a permitir que agências estrangeiras se estabeleçam no país.

As telecomunicações, por seu turno, partiram de quase zero em 1980 para um sistema integrado de redes analógicas digitalizadas, redes de dados e internet, conectadas através de sistemas de satélites e cabos de fibras ópticas, estes últimos atingindo cerca de duzentos mil quilômetros de extensão. Os comutadores de telefonia móvel fornecem mais de 150 milhões de linhas, cobrindo 80% de todo o território.

O setor de seguros, também inexistente até poucos anos atrás, passou a ser constituído por um Comitê de Administração e Supervisão de Seguros e por mais de trinta companhias de seguro estatais, mistas por ações, mistas sino-estrangeiras e privadas estrangeiras, além das representações de mais de uma centena de organismos de seguros estrangeiros, que operavam, no início do século XXI, com mais de trezentos itens, incluindo seguros de vida, saúde, acidentes, bens etc.

Já o setor financeiro, por sua vez, tem por estrutura um banco central (Banco Popular da China), encarregado de regular e supervisionar todo o sistema, bancos comerciais de propriedade estatal, bancos comerciais por ações, bancos privados de propriedade estrangeira e organizações financeiras de diversos tipos, tanto estatais quanto privadas. O volume dos recursos depositados no sistema bancário como poupança atingiu, em 2000, mais de dez trilhões de yuans (cerca de US$ 1,2 trilhão), enquanto o volume de empréstimos chegou a mais de nove trilhões de yuans (cerca de US$ 1,1 trilhão).

Esse setor tem sofrido progressivas reformas. Antes de 1978, os bancos chineses eram simples repassadores das verbas estatais orçamentárias para as empresas. Não constituíam, portanto, um sistema financeiro. As primeiras reformas nesse sistema rudimentar consistiram em procurar estruturar os bancos existentes como instituições de crédito. Paralelamente, desde 1994, a China unificou as taxas de câmbio e o sistema de compra e vendas de divisas estrangeiras por meio de um mercado interbancário. A partir de 1996, a conversibilidade da moeda nacional, o RMB (reminbi ou yuan), foi consolidada nas contas correntes, criando as condições de sua conversibilidade completa nos mercados internacionais. Em termos de reservas internacionais de divisas, a China possuía, em 2002, cerca de US$ 260 bilhões.

Na virada do século XX para o XXI, a reforma financeira estava voltada para estabelecer uma divisão racional dos impostos, diversificar a política financeira, alterar o sistema orçamentário do Estado e aumentar a segurança financeira. O sistema tributário passou a ter por base o imposto sobre a renda e os impostos de circulação – imposto de valor agregado (IVA) como básico, e impostos de consumo e de comércio, como complementares.

Desse modo, a administração pública chinesa pretende valer-se das medidas orçamentárias, da arrecadação, da emissão de bônus do tesouro, de subvenções, créditos e outras medidas de caráter financeiro para realizar a regulação e o controle macroeconômicos, equilibrar o volume dos diversos departamentos da economia e otimizar sua estrutura econômica.

Educação e enriquecimento

Os planejadores chineses já entenderam que, sem um povo educado, a China não pode alcançar um alto nível de desenvolvimento material e espiritual. Entretanto, a herança deixada pelo passado era extremamente perversa. Em 1949, cerca de 80% de sua população era analfabeta. Em 2000 esse número havia baixado para menos de 15%, mas isso ainda representava cerca de 150 milhões de pessoas sem saber ler nem escrever.

No início dos anos 80, o sistema educacional chinês compreendia a educação infantil, primária e secundária; a primária tendo a duração de seis anos e a secundária compreendendo dois ciclos de três anos cada. A educação primária e secundária de primeiro ciclo, num total de nove anos, era obrigatória para todas as crianças em idade escolar. Os jovens que completavam os três anos do segundo ciclo secundário, perfazendo um total de doze anos de estudo, podiam candidatar-se a um curso num dos centros de ensino superior e universidades do país.

Além disso, a China contava com redes de escolas vocacionais, educação para deficientes, escolas profissionais e técnicas, médias e superiores, e escolas para adultos. Estas combinavam alfabetização, profissionalização, ensino técnico secundário e universidades de período noturno, por TV e rádio e por correspondência.

A reforma educacional introduzida na China após 1980 tem sido direcionada, em primeiro lugar, para liquidar a chaga do analfabetismo pelas pontas, isto é, por um lado, garantindo vagas para todas as crianças do período obrigatório de nove anos (mais de 150 milhões em 2000) e para todos os adultos ainda analfabetos, por outro, ampliando o número de vagas em oferta nos níveis intermediários e superiores da educação.

Em segundo lugar, ela pretende formar os professores num sistema educacional mais aberto, voltado para ensinar os alunos a raciocinar criticamente e a resolver os problemas de ordem prática colocados pela vida econômica e social. A estruturação desse sistema tornou-se ponto nodal no processo da reforma educacional. As escolas médias e superiores estão sendo reorganizadas em múltiplos estratos, formas e disciplinas, correspondentes às necessidades do desenvolvimento nacional e da sociedade.

O "Projeto 21", por exemplo, concentra seus esforços para fazer que cem importantes universidades e grupos de departamentos e especialidades atinjam os padrões internacionais mais elevados na qualidade educativa, pesquisa científica e tecnológica, nível administrativo e rendimento econômico e social. Com isso, a China pretende ter uma base sólida para disseminar tais padrões ao conjunto de seu sistema educativo e fazê-lo realmente jogar um papel-chave no desenvolvimento científico e tecnológico e na construção de uma civilização de elevado nível cultural.

As reformas na educação levam em conta que as reformas na estrutura econômica da China têm sido acompanhadas de mudanças na estrutura social, nem sempre evitando que setores da população sofram consequências desagradáveis. Taxas de desemprego de 3% a 4% significam números absolutos de vinte a trinta milhões de pessoas. E qualquer processo de desenvolvimento com múltiplas formas de propriedade em geral produz rendas maiores em alguns setores, causando desequilíbrios sociais.

A China não tem escapado desses problemas, embora os comunistas reiteradamente explicitem seu desejo de que o povo esteja no primeiro lugar de suas preocupações e que se "enriqueça em ondas". Eles reconhecem, com isso, que suas experiências igualitárias, em geral, apenas socializaram a pobreza que, por mais digna que fosse, era sempre pobreza. Nas condições de partida para suas "quatro modernizações", um desenvolvimento social igualitário na China não se mostrou viável. Assim, o que eles tentam agora é a conformação de múltiplos estratos sociais, que ascendam constantemente a níveis superiores, num processo de "enriquecimento em ondas", isto é, que os setores sociais que se enriqueçam primeiro puxem os setores mais atrasados para enriquecer-se também.

Para que isso ocorra sem polarizações perigosas, como as que se manifestaram em 1989, resultando no que os comunistas chineses chamam de Incidente da Praça Tiananmen, e o resto do mundo de Massacre da Praça da Paz Celestial, têm ocorrido repetidas reformas na distribuição das receitas, nos sistemas de moradia e segurança médica e social, nas relações e estruturas políticas e, principalmente, nos sistemas educacionais e culturais, num ritmo que deve acompanhar o crescimento da renda do país. A distribuição das receitas ou da renda baseia-se estritamente no princípio de que cada um recebe "de acordo com seu trabalho". Embora a eficácia no trabalho desempenhe o fator principal nesse conceito, sendo um fator de desigualdade, é possível alcançar uma certa equidade pelas garantias sociais e, mais particularmente, pela educação e por outras formas de qualificação que universalizem as oportunidades.

Nesse sentido, o sistema de seguridade médica garante tratamento para todos. É verdade que o antigo sistema, que possibilitava gratuidade para todos, está sendo paulatinamente substituído por sistemas em que os segurados, em melhores condições de renda, pagam em comum os gastos médicos. Fundos de assistência médica cooperativa, formados em parte pelas famílias beneficiadas e em parte pelo Estado, têm sido constituídos em diferentes setores. Mas o Estado tem garantido o tratamento de doenças graves, por meio de fundos específicos construídos nas mesmas condições, e a manutenção do antigo sistema de seguridade médica nas regiões mais pobres, de modo a evitar que qualquer setor da população deixe de ser atendido.

Por sua vez, a melhoria da renda populacional chinesa pode ser medida pelas mudanças na estrutura de consumo. Na estrutura alimentar, ocorreu uma mudança da quantidade para a qualidade. Diminuiu o consumo de cereais e cresceu o de carnes, ovos, leite, verduras e frutas. O consumo de roupas também passou dos modelos simples para modelos variados, ao mesmo tempo que no varejo aumentou o consumo de roupas prontas e caiu o de tecidos. Das "quatro velhas peças" de consumo dos chineses antes das reformas – bicicleta, relógio, máquina de costura e rádio –, eles passaram para as "seis novas peças" – televisor, geladeira, lavadora, gravador, ventilador e máquina fotográfica. E, a partir do final dos anos 90, aumentou substancialmente a aquisição de telefones, computadores pessoais e moradias.

As mudanças mais significativas ocorreram, porém, na proporção entre gastos com alimentos e gastos com educação e cultura. Em 1978, os gastos alimentares representavam 57,5% dos gastos dos habitantes das cidades e 67,7% dos gastos dos habitantes rurais. Já os gastos com educação e cultura representavam 6,7% dos gastos dos habitantes urbanos e 1% dos gastos dos habitantes rurais.

No ano 2000, os gastos com alimentos haviam baixado para 44,5% nas cidades e 53,4% nas zonas rurais, mas os gastos com educação e cultura haviam subido para mais de 13% nas cidades e mais de 10% nas zonas rurais. A antiga estrutura de subsistência está sendo modificada para uma nova estrutura de consumo, na qual as preocupações com o conhecimento e o saber passam a desempenhar papel crescente.

Os comunistas chineses consideram que essa mudança significativa na estrutura de consumo da população chinesa, com um peso crescente para a educação e a cultura, é uma das principais indicações de que sua política de "enriquecimento em ondas" é factível e tem futuro. No entanto, ainda permanecem dúvidas quanto à contradição entre o direito de as empresas demitirem seus funcionários e de estes serem realocados e a nova política habitacional, que deve fixar os trabalhadores, ao dar-lhes acesso à propriedade das moradias. Ainda permanecem dúvidas sobre o tratamento dos problemas humanos gerados pelo desemprego, uma das chagas dos países capitalistas que a maioria das pessoas supunha ser possível erradicar no socialismo.

Muitos se perguntam: em que medida as reformas nos sistemas de distribuição de renda, que permitem acessos desiguais para ricos e pobres aos serviços médicos e educacionais, aproximam a China das condições dos países capitalistas desenvolvidos, mas a distanciam do projeto socialista inicial? Quais são as tentativas reais para limitar o enriquecimento e evitar a desigualdade, que o noticiário ocidental apresenta como crescente? Todas essas serão questões pertinentes tratadas nos capítulos seguintes.

## 8. Estabilidade social e política

Para realizar seu ambicioso programa de reformas e desenvolvimento, os comunistas chineses consideram fundamental manter a estabilidade social e política da sociedade pela promoção do "crescimento das forças produtivas", realização do "desenvolvimento social e cultural" e incremento do "padrão de vida de todo o povo".

Assumindo esses três aspectos como um sistema integrado para medir a viabilidade das mudanças em curso, eles têm procurado conduzir as reformas de modo gradual e sem choques e fazer que elas mantenham uma relação equilibrada com o processo de desenvolvimento e com a estabilidade social e política. Tomam as reformas como força motriz, o desenvolvimento como foco e a estabilidade como garantia. Ou, em outras palavras, consideram a estabilidade social e política como garantia indispensável para alcançar as metas das reformas e o programado nível de desenvolvimento.

No esforço de construir um ambiente global de estabilidade, os comunistas têm envidado esforços para manter um equilíbrio entre as reformas econômicas e as reformas políticas, obter um ritmo de crescimento econômico que não pressione em demasia a sociedade, estabelecer relações adequadas entre crescimento, reforma e estabilidade social e alcançar uma adequada proporção entre o desenvolvimento material e o desenvolvimento cultural.

### Reformas econômicas e políticas

O foco principal das reformas está voltado para o sistema econômico, isto é, para a construção de uma forte base material ou para o desenvolvimento sustentado das forças produtivas materiais, o que tem levado muita gente a supor que os comunistas chineses não pretendem realizar reformas políticas, ou que só as realizarão quando forem forçados a elas. No entanto, as reformas políticas vêm sendo realizadas paralelamente às reformas econômicas e sociais, inclusive como condição para o desenvolvimento suave destas.

Na verdade, o processo chinês de reformas teve início, entre 1977 e 1980, com importantes reformas ideológicas e políticas. A primeira consistiu na chamada *emancipação das mentes, tomando a prática como critério da verdade*, que permitiu ao PC não apenas dar por finalizada a Revolução Cultural, mas superar as "duas todas" que obrigavam quadros e militantes a seguir todas as orientação e todas as diretivas do presidente Mao Zedong. Resgatando o método e o estilo de trabalho elaborados pelo próprio Mao em Yenan, durante a Guerra de Resistência, os comunistas sentiram-se em condições de redirecionar o foco de sua ação política da luta de classes para a construção econômica.

Depois, já com o foco da ação política voltado para as "quatro modernizações", a reforma política buscou criar um ambiente global de estabilidade, revendo casos históricos considerados injustos, reajustando as relações sociais, intensificando o combate à corrupção e estabelecendo mecanismos institucionais de rodízio das gerações no poder político.

A revisão dos casos históricos injustos referiu-se não só àqueles relacionados aos dez anos de Revolução Cultural, mas aos anos anteriores a ela, como os resultantes das divergências em torno do "grande salto adiante" e da campanha antidireitista que se seguiu ao Movimento das Cem Flores. Inúmeros quadros dirigentes, assim como uma quantidade considerável de quadros intermediários e de base e de pessoas comuns, tiveram revistos seus processos e, nos casos de comprovada injustiça, foram reabilitados e suas famílias indenizadas.

Também foram removidos quase todos os preceitos legais que estimulavam as diferenciações e os conflitos sociais. Os rótulos de latifundiários e camponeses ricos foram retirados, o *status* de classe dos antigos industriais e homens de negócios foi modificado para o de quadros e trabalhadores, e os intelectuais passaram a ser considerados parte da classe trabalhadora. Desse modo, eliminaram-se quaisquer motivos para discriminações e criaram-se bases legais mais sólidas para a unidade nas reformas e no desenvolvimento.

Além disso, ganhou importância fundamental o combate à corrupção, especialmente a corrupção entre os altos funcionários do Estado e do Partido Comunista, sem o qual toda a política de reforma e desenvolvimento poderia sucumbir. Desde 1980, e particularmente após 1993, essa luta tornou-se uma guerra constante e uma condição essencial para manter a estabilidade social e política. O Estado deu grande publicidade ao processo e julgamento de altos funcionários envolvidos em corrupção e vários deles chegaram a ser sentenciados à morte.

Ao mesmo tempo, foi abolido o sistema de liderança vitalícia, estabelecida a obrigatoriedade de mudança nos postos dirigentes a cada dois mandatos e a aposentadoria compulsória dos quadros de liderança após 60-65 anos de idade, e instituído o processo de seleção e promoção dos quadros mais jovens. Hoje a maioria dos quadros dirigentes do Estado e das mais diversas instituições da sociedade chinesa é composta por pessoas de idade intermediária e jovens, em razão da institucionalização do rodízio das gerações no poder partidário e do Estado.

A partir de 1986, as mudanças políticas direcionaram sua atenção para a reforma da estrutura política do país, com vistas a consolidar o sistema legal socialista e expandir a democracia para desenvolver a iniciativa e a participação popular. Em termos mais precisos, a reforma da estrutura política visou reduzir substancialmente o burocratismo e a ineficiência e estimular a iniciativa das unidades de base, como condições para avançar na expansão democrática. As votações e eleições nos órgãos legislativos passaram a ser secretas, e foram regulamentados os procedimentos democráticos para as eleições diretas e secretas das assembleias e comitês populares de aldeias, cantões, povoados e municípios, que constituem o nível administrativo básico da sociedade chinesa.

Para ser candidato às assembleias desse nível, basta ser apontado por três eleitores, independentemente de serem membros de algum partido ou associação. São as assembleias de base e as das organizações sociais de massa (populares, sindicais, juvenis e femininas) e do EPL que elegem seus representantes às assembleias populares de distrito, conforme a proporcionalidade populacional. As assembleias populares de distrito elegem seus representantes para as assembleias populares provinciais que, por sua vez, elegem seus representantes para a Assembleia Popular Nacional – APN, o mais alto órgão de poder do Estado.

As reformas constitucionais e legais têm se direcionado, nessa etapa, para reforçar principalmente o sistema democrático de base e o poder da Assembleia Popular Nacional. Entre 1980 e 2000, a APN discutiu e aprovou 339 leis, incluindo leis econômicas, civis, penais e de procedimento administrativo, construindo assim uma base sólida para o ordenamento da sociedade de acordo com a lei e abrindo campo para outras reformas legais indispensáveis ao nível das províncias, regiões autônomas, municipalidades e distritos. Calcula-se que as assembleias populares locais discutiram e aprovaram cerca de seis mil decretos e regulamentos legislativos, complementando o sistema legal reformado pela APN.

Assim, as reformas políticas, do mesmo modo que as reformas econômicas, têm observado o método gradual como condição para a manutenção da estabilidade. Em termos gerais, os comunistas chineses têm reiterado que procederão, tanto nas reformas econômicas quanto nas reformas políticas, de acordo com a realidade chinesa. Em consequência, não adotarão nenhuma medida de choque, farão experimentos variados para descobrir as reformas mais adequadas à sua realidade, não copiarão os sistemas políticos ocidentais, nem instaurarão o sistema de eleições gerais e diretas multipartidárias.

Seu critério para a adoção de um tipo ou outro de reforma política será, basicamente, o fato de essa reforma contribuir para a estabilidade social e política, a unidade nacional, a elevação do padrão de vida do povo e o desenvolvimento das forças produtivas de forma sustentável. Avançarão em ordem e passo a passo na criação e no estabelecimento dos mecanismos democráticos de participação popular que consideram condizentes com a história e a tradição chinesas.

Um desses mecanismos, com crescente importância na democratização política chinesa, é o Conselho Consultivo Político do Povo Chinês (CCPPC). Nele têm assento representantes indicados pelos partidos políticos (o PC e os outros oito partidos democráticos), além de personalidades públicas sem-partido, indicadas por qualquer um desses partidos e aceitas pelos demais. Esse órgão de frente única está agora estruturado em todos os níveis administrativos do país e tem aumentado sua participação nos assuntos e nas decisões do Estado nesses diferentes níveis, inclusive com a indicação de não comunistas para postos nos governos distritais, províncias e central.

Assim, os comunistas chineses consideram fundamental que suas reformas políticas acompanhem de perto as reformas econômicas, mas não estão dispostos a apressar o passo para satisfazer aos críticos internos e externos e arriscar-se a perder as conquistas que levaram décadas para alcançar. Tanto a Revolução Cultural quanto o desmoronamento da União Soviética são, para eles, exemplos e experiências muito vivos, que não pretendem ver repetidos.

Crescimento, reforma e estabilidade

Na experiência histórica da China, ritmos muito rápidos de crescimento, assim como ritmos lentos, têm causado desestabilidade social. Em termos concretos, para sustentar uma média anual de crescimento populacional de catorze milhões de pessoas, a China precisa de um crescimento econômico mínimo anual de 2%. Se for levada em conta a necessidade de aumentar o padrão de vida da maior parte da população, são necessários pelo menos mais 2% anuais de crescimento.

Se for considerado, ainda, o problema dos excedentes de trabalhadores, em razão do aumento da produtividade urbana e rural e de outros fatores recorrentes, será preciso acrescentar mais 2% a 3% no crescimento anual, ou seja, para atender ao crescimento populacional e à elevação do padrão de vida da China, é necessária uma meta mínima de 6% a 7% anual de crescimento econômico. Níveis mais baixos do que esses certamente poderão causar desestabilidades sociais e colocar em risco a estabilidade política.

Por sua vez, o crescimento médio de 9,7%, entre 1980 e 2000, permitiu melhorar consideravelmente o padrão de vida do povo chinês e tornar mais sólidos os fundamentos econômicos do país. No entanto, esse alto ritmo de crescimento, o mais elevado da história chinesa após 1949 e da história mundial no período de 1980 a 2000, causou um superaquecimento na economia do país. Colocou em tensão a infraestrutura existente, pressionou os preços das matérias-primas, energia e transportes, causou sérias pressões inflacionárias e, portanto, criou condições para o surgimento de surtos de instabilidade política, como o de 1989.

A instabilidade daquele ano, pressionada ainda pela leniência com que, na ocasião, as lideranças do PC e do governo tratavam os casos de corrupção nos altos escalões, apesar dos repetidos alertas desde o início das reformas, e pela interferência da União Soviética e dos Estados Unidos, interessados em que a abertura chinesa seguisse os rumos da *glasnost* de Gorbatchov, desembocou no trágico Incidente ou Massacre de Tiananmen. No momento em que elementos antissocialistas passaram a ter crescente influência sobre os acontecimentos, em que os próprios líderes estudantis perderam o controle sobre as reivindicações de seu movimento, e em que este tendeu para uma insurreição voltada contra o regime, a questão que se colocou foi manter ou não o sistema socialista, e continuar ou não as reformas conforme planejadas. O choque tornou-se inevitável.

Embora o mundo ocidental tenha avaliado que os acontecimentos de junho de 1989 em Tiananmen representassem o fim do programa de reformas, eles, na verdade, convenceram as lideranças e planejadores chineses da necessidade de um esforço mais consistente de regulação macroeconômica, para evitar grandes flutuações no desenvolvimento e impedir o surgimento de instabilidades sociais e políticas. A partir de 1993, eles têm se empenhado em obter um crescimento entre 7% e 8% anuais, como o mais adequado para atender de forma gradual às demandas da sociedade chinesa em termos de aumento populacional e elevação do padrão de vida e, ao mesmo tempo, evitar as pressões decorrentes de um ritmo de crescimento muito rápido.

Afora essa necessidade de um ritmo de crescimento econômico compatível com as demandas sociais e com as possibilidades das forças produtivas já instaladas, assim como de manter o equilíbrio entre reformas econômicas e reformas políticas, os comunistas chineses têm se preocupado em manter uma relação adequada entre crescimento, reforma e estabilidade social pela utilização de vários parâmetros de verificação e de tomadas de decisão.

Um dos mais importantes desses parâmetros tem consistido em adotar medidas de reforma de acordo com a situação e os possíveis impactos nos diferentes aspectos da sociedade. Se as condições não estão dadas, os planejadores trabalham no sentido de que elas sejam criadas e aguardam o tempo certo para efetivá-las. O essencial para eles é que as reformas avancem suavemente e com apoio social. Em tais condições, embora a maioria das reformas demore um longo tempo para sua completa efetivação, a observação desse parâmetro tem contribuído para evitar instabilidades.

A ênfase em evitar campanhas globais que afetem múltiplos interesses e criem reações em cadeia, mesmo que as reformas não sejam muito potentes, também tem sido observada ao longo de todo o processo de reformas. Os resultados e avanços mais consistentes têm sido obtidos com aquelas reformas que passam por experimentações locais variadas, e que depois vão se estendendo para o restante do país de forma escalonada e sofrendo adaptações conforme as diversas condições. Cada reforma, por sua vez, tem sido acompanhada de mecanismos compensatórios em relação ao sistema de baixos salários e baixas rendas ainda prevalecente em muitas áreas urbanas e rurais. Os salários dos trabalhadores e os preços dos produtos dos agricultores são elevados, de modo a acompanhar a evolução geral dos preços e beneficiar as camadas sociais afetadas pela reforma.

Nesse sentido, a política de "enriquecimento em ondas" tem sido conduzida de modo que os mais lentos tenham realmente condições de ascender a novos patamares de riqueza. No caso das 250 milhões de pessoas ainda vivendo abaixo da linha da pobreza, no início dos anos 90, essas condições estavam relacionadas à própria infraestrutura econômica e social das regiões em que viviam. Sem construir uma nova infraestrutura que possibilitasse aos habitantes passar a criadores de sua própria riqueza, dificilmente seria possível transformar em realidade a política de "enriquecimento em ondas", pelo menos para aqueles 250 milhões de chineses.

Isso levou a política de erradicação da pobreza empreendida pelo governo chinês a sofrer uma importante mudança de enfoque. Em vez do tradicional sistema de fornecer ajuda para a manutenção das camadas sociais com dificuldades de elevar-se acima da linha da pobreza, o novo sistema passou a combinar o assistencialismo com investimentos em infraestrutura e em outras áreas, como educação, para criar condições de desenvolvimento local e regional e suplantar a pobreza. Foi desse modo que, entre 1993 e 2000, a China reduziu de 250 milhões para menos de trinta milhões o número de chineses vivendo abaixo da linha da pobreza e incluiu-os no processo de desenvolvimento e de "enriquecimento em ondas".

Outro parâmetro cuidadoso relaciona-se com a modernização empresarial, que produz desemprego. Para evitar ações desestabilizadoras, o governo tem estabelecido novos sistemas de seguridade social, nos quais os segmentos de menor renda têm garantias sociais bem definidas. Assim, em substituição ao antigo sistema, em que as próprias empresas assumiam todos os custos da seguridade social, surgiu um sistema básico de seguro de vida para os trabalhadores das estatais, um sistema geral de seguro contra o desemprego e um sistema de seguro de vida para a população rural.

A extensão da abertura externa também é acompanhada por salvaguardas relacionadas com a segurança da economia nacional, de modo que sejam fortalecidos seu desenvolvimento sustentado e sua competitividade global. Os chineses só abrem seus segmentos de mercado à competição estrangeira quando têm alguma certeza de possuir empresas nacionais capazes de enfrentá-la. Esta tem sido a chave para potencializar as vantagens comparativas do país, participar da divisão internacional do trabalho e do comércio e fazer uso dos mercados doméstico e internacional para seu próprio desenvolvimento.

Desenvolvimento cultural

O desenvolvimento cultural depende, em grande medida, do grau de desenvolvimento material de um país. Não é possível construir equipamentos culturais e fabricar produtos espirituais sem um certo acúmulo de riquezas materiais. Além disso, sem cultura e sem sua difusão numa certa escala, não é possível sustentar um desenvolvimento material de longo prazo, ainda mais num país das dimensões territoriais e populacionais da China.

Os chineses englobam em seu universo cultural os produtos espirituais criados por sua civilização e pelas demais civilizações humanas, os equipamentos e meios necessários para tal produção e sua proteção, e os sistemas de informação e comunicação indispensáveis para sua difusão. Desse modo, seu conceito de cultura engloba literatura, ópera, teatro, música, canto, dança, cinema, rádio, televisão, pintura, caligrafia, acrobacia, artesanato e esportes, e os equipamentos ou meios de sua produção e difusão (escolas, editoras, teatros, auditórios, imprensa, rádio, televisão, ateliês, oficinas, circos, bibliotecas, museus, ginásios esportivos), e, também, como condição para a plena utilização desses equipamentos e meios, a liberdade de criação e de crítica cultural.

Para eles, a elevação cultural engloba a educação, a assimilação dos conhecimentos e a produção de novos conhecimentos, nas diversas formas em que estes podem ser manifestados. A cultura seria, pois, elemento essencial para incrementar a própria educação e o conhecimento geral de sua sociedade, elevando seu grau de civilização espiritual e fazendo-o influenciar positivamente a própria civilização material.

Procurando corresponder a esses conceitos, as reformas chinesas têm dedicado atenção especial ao avanço dos diversos componentes de seu universo cultural. Elas ampliaram consideravelmente o número, a quantidade e a qualidade de seus meios de comunicação de massa, ao mesmo tempo que abriram o país para a transmissão de emissoras estrangeiras. No final de 1998, circulavam na China mais de dois mil jornais, com uma tiragem diária média de 71 milhões de exemplares, dedicados tanto a notícias gerais como especializados em economia, ciências, tecnologias, esportes etc. Os próprios chineses admitem que esses números ainda são baixos, comparativamente ao total de sua população, mas estão convencidos de que a tendência de crescimento se manterá, apesar da concorrência de outros meios de comunicação de massa.

As revistas também se multiplicaram rapidamente nos anos mais recentes. Dedicadas a assuntos gerais, ciências sociais, ciências naturais, tecnologias, literatura, arte e direito, em 1998 elas totalizavam mais de sete mil títulos, com tiragem média mensal de duzentos milhões de exemplares. Quanto à televisão, expandida a partir dos anos 80, existiam na China trezentos milhões de televisores, com mais de um bilhão de telespectadores, no ano 2000. Tendo por base sistemas de satélites e sistemas terrestres de micro-onda e a cabo, a rede chinesa de televisão compreendia uma emissora central (a CCTV, ou Central de TV da China), com nove canais, e mais de três mil estações locais com programas próprios e conjuntos. Essa rede atingia mais de 90% da população do país.

A indústria editorial chinesa de livros também tomou impulso, saltando de quinze mil títulos em 1978 (3,7 bilhões de exemplares) para mais de 120 mil títulos em 1998 (7,3 bilhões de exemplares), entre os quais se destaca a nova literatura, aparecida após 1978, relacionada com a crítica à Revolução Cultural e com as mudanças causadas pelas reformas. Isso representa um título por 120 mil habitantes, uma média de seis mil exemplares por título e cerca de seis exemplares por habitante. O Brasil, por exemplo, de acordo com estatísticas de 1998 da Câmara Brasileira do Livro, editou cerca de cinquenta mil títulos e 410 milhões de exemplares, ou seja, um título por quinze mil habitantes, nove mil exemplares por título, porém apenas três exemplares por habitantes.

As editoras chinesas também têm aproveitado o interesse nacional e internacional pelas literaturas tradicional e moderna chinesas. Surgida no século VI a. C., com o *Livro de ode* (compilação de 305 poemas, escritos entre a dinastia Zhou e o Período de Primavera e Outono), a literatura tradicional evoluiu nas dinastias posteriores com os temas históricos, políticos, éticos e com os dramas e novelas. A literatura moderna, de conotação social, surgiu nas primeiras décadas do século XX. Assim, tanto autores tradicionais, como Confúcio, Méncio, Lao Tsé e Sun Wu, quanto modernos, como Lu Xun, Guo Moruo, Mao Dun, Bao Jin, Lao Che e Cao Yu, podem ser encontrados em novas edições.

As outras expressões culturais também têm acompanhado uma expansão rápida. A ópera chinesa, com mais de trezentas variedades, tem a de Beijing (Pequim) como a mais conhecida. Ela mistura teatro, canção, música, dança e artes marciais, possuindo uma estrutura cênica, modelos musicais e fórmulas representativas muito próprios e diferentes das óperas ocidentais. Isso não tem impedido que os chineses sejam apresentados à ópera ocidental, ato que começou em 1998, com a encenação de *Turandot*, de Puccini, no antigo Palácio Imperial da Cidade Proibida.

Embora o teatro e a música também sejam incentivados, é certamente o cinema que está conquistando mais fama. Diretores como Zhang Yimou, Chen Kaije, Xie Jin, Ruan Linyu e filmes como *Lanternas vermelhas, Adeus minha concubina, Sorgo vermelho, Terra amarela, Nenhum a menos, Banhos, Caminho para casa* e outros receberam consagração internacional. Pela criação de um sistema aberto de produção e distribuição independente, na China não só é possível produzir filmes sobre os mais diferentes temas, custeados de diferentes modos, como se pode assistir a uma variada gama de filmes estrangeiros.

A proteção, o desenvolvimento e a difusão da acrobacia (de mais de 2.500 anos), da arte pictórica e caligráfica (de mais seis mil anos), do artesanato (com sua longa tradição técnica e artística), da rede de bibliotecas públicas (e dos centros de ensino superior, instituições científicas, organizações sindicais e populares, unidades militares, escolas primárias e secundárias, cantões e povoados, empresas e bairros residenciais), dos cerca de dois mil museus de todo o país e das relíquias do passado (como o Palácio Potala, as Grutas de Chumbe e Yungang, e o Templo Taer) também têm sido parte importante do atual desenvolvimento cultural chinês.

Finalmente, a China vem se transformando numa potência olímpica, tendo o esporte como uma importante manifestação de seu desenvolvimento cultural. Ao conquistar, pela primeira vez em sua história, o direito de sediar os Jogos Olímpicos de 2008, em Beijing (Pequim), a China pretende demonstrar ao mundo não apenas seus esforços para ter uma população saudável, mas principalmente seu desenvolvimento cultural e a nova civilização espiritual que está construindo.

Assim, combinando desenvolvimento cultural com crescimento econômico, reformas econômicas com reformas políticas, ritmos adequados de crescimento com reformas e tudo isso com estabilidade social e política, os comunistas se empenham para que as duas civilizações simultâneas que estão construindo, a material e a cultural ou espiritual, apoiem-se mutuamente e integrem-se paulatinamente.

## 9. Abertura internacional

A China permaneceu isolada da maior parte do mundo entre 1949 e início dos anos 70, principalmente em razão do bloqueio econômico, político e militar imposto pelos Estados Unidos. No entanto, as políticas econômicas e comerciais chinesas também não contribuíam para romper decisivamente seu isolamento, apesar da adoção dos Cinco Princípios de Coexistência Pacífica. Mesmo quando o bloqueio norte-americano foi suspenso, em 1971, e a China ampliou as relações diplomáticas, sua participação no intercâmbio internacional de bens materiais e culturais e de capitais ainda permaneceu relativamente reduzida.

A rigor, a política externa chinesa não sofrera mudanças substanciais em seus princípios, desde 1954, quando apresentou as cinco regras de coexistência pacífica, na conferência de Bandung, Indonésia. Ela continuou vigente antes e depois do fim do bloqueio norte-americano, tendo por base o pacifismo, a independência e a autodecisão. Seu o eixo principal era a manutenção da paz, mas a China decidia com independência suas posições diante dos problemas internacionais, levando em conta o que considerava correto ou errado e não as pressões de um ou outro país.

Além disso, declaradamente, a China não formava aliança com qualquer país ou grupo de países, não participava de nenhum tipo de corrida armamentista, não praticava o expansionismo militar e opunha-se ao hegemonismo, às políticas de força, à agressão territorial e às intervenções nos assuntos internos dos demais países. Mas o que foi essencial para a crescente presença da China no cenário internacional, nas últimas duas décadas do século XX e no início do XXI, foi sua política de abertura econômica e comercial, iniciada em 1979.

## Zonas especiais e investimentos externos

A abertura econômica e comercial da China ao mundo exterior foi implementada pela instalação de Zonas Econômicas Especiais (ZEE) e Portos Abertos, da utilização de fundos internacionais para seu desenvolvimento econômico, de um paulatino crescimento de seu comércio e turismo internacionais, da ampliação da cooperação econômica e tecnológica e da ação diplomática ativa.

No início dos anos 80, foram implantadas cinco Zonas Econômicas Especiais. Três (Shenzhen, Zhuhai e Shantou) na província de Guangdong, uma (Xiamen, antiga Amoy) na província de Fujian, e outra em Hainan, uma ilha do Mar Meridional da China transformada em província. Em 1984 foram abertas ao exterior catorze cidades e portos litorâneos: Dalian, Qinhuangdao, Tianjin, Yantai, Qingdao, Lianyungang, Nantong, Xangai, Ningbo, Wenzhou, Fuzhou, Guangzhou, Zhanjiang e Beihai.

Em 1985 foram abertos os deltas dos rios Changjiang (Iangtsé) e Zhujiang (Pérolas), a região triangular ao sul de Fujian, as penínsulas de Shandong e Laiodong, a província de Hebei e a região autônoma da etnia Zhuang de Guangxi. Desse modo, praticamente todo o litoral chinês, desde a fronteira com a Coreia, no nordeste, até a fronteira com o Vietnã, a sudoeste, tornou-se uma faixa econômica aberta ao exterior.

Nos anos 90, esse processo de abertura foi intensificado. Todo um grupo de cidades da bacia do Rio Changjiang foi aberto ao comércio e aos investimentos internacionais, tendo como "cabeça do dragão" a nova zona econômica e financeira de Pudong, em Xangai. Ao mesmo tempo, um grupo de cidades de fronteira e todas as capitais provinciais do interior também foram abertos com a instalação de quinze zonas livres de direitos aduaneiros, 32 zonas de desenvolvimento econômico e tecnológico e 53 zonas de desenvolvimento industrial de altas e novas tecnologias.

Esse conjunto de zonas, portos e cidades abertos ao exterior passou a executar políticas preferenciais para desenvolver a economia orientada para as exportações e assimilar as tecnologias avançadas do exterior. As cinco Zonas Econômicas Especiais, tendo por base o processamento de produtos e as exportações, combinaram indústria, comércio e ciências e tecnologias, servindo como laboratórios na absorção de investimentos e tecnologias, na criação de novas estruturas industriais e na disputa do comércio internacional.

Shenzhen e Pudong, por exemplo, realizaram experimentos relacionados com a gestão em moeda chinesa (renminbi ou yuan) nas operações dos bancos estrangeiros, com os investimentos estrangeiros não só na indústria, mas também no comércio e nos serviços, e com o funcionamento de bolsas de valores, além de ampliar as políticas preferenciais de atração de investimentos estrangeiros pela redução e isenção de impostos aduaneiros e de impostos sobre a renda.

Desse modo, desde 1980, a China transformou-se num agressivo polo de atração para o emprego de fundos externos. Ela procurou obter empréstimos, investimentos externos diretos e créditos internacionais. Até 1998, havia aprovado mais de trezentos mil projetos com a participação de fundos externos. Em 2002, o total de investimentos externos diretos na China havia alcançado US$ 600 bilhões e ela passou os Estados Unidos, pela primeira vez na história, como a principal receptora de investimentos externos.

O critério para a utilização desses fundos na China tem por base a construção da economia chinesa, sendo os investimentos diretos seu principal instrumento. No início, esses investimentos concentraram-se nas indústrias de processamento das ZEE, para as exportações. Com o tempo, eles ampliaram suas áreas para as indústrias básicas, comércio, finanças, informática, consultoria e bens imóveis. Nos anos mais recentes, os investimentos diretos na China alcançaram o patamar de mais de quarenta bilhões de dólares anuais.

A China também tem se utilizado de créditos internacionais para facilitar seus aluguéis de equipamentos e seu comércio externo de compensações, processamento e montagens. Os empréstimos, embora bem inferiores ao volume dos investimentos e créditos internacionais, têm se voltado prioritariamente para projetos educacionais, científicos e tecnológicos, ambientais e para a erradicação da pobreza. A dívida externa da China não chega a US$ 150 bilhões, uma soma inferior às suas reservas internacionais de mais de US$ 260 bilhões em 2002.

## Comércio, cooperação e turismo

Com a política de abertura ao exterior, o comércio internacional da China saltou de US$ 1,13 bilhão em 1950 para quase US$ 400 bilhões em 2000, passando para o nono lugar mundial. Além de comerciar com 228 países e regiões, ao contrário dos pouco mais de trinta países dos anos 50, a China mudou radicalmente sua pauta. A exportação de produtos primários baixou de 53,5% em 1958 para 11,2% em 1998, enquanto a dos produtos industriais subiu de 46,5% para 88,8%. Entre os produtos industriais exportados destacaram-se, em 2000, os elétricos e os mecânicos, com incidência cada vez maior dos eletroeletrônicos.

O turismo talvez seja, porém, um dos setores da economia chinesa que melhor expressam a abertura da China ao exterior. Esse país sempre teve recursos turísticos muito variados: atrativos naturais, como montanhas, rios, lagos, praias e locais pitorescos diversos; atrativos históricos inigualáveis, como cidades, museus, monumentos, sítios, ruínas, tumbas, palácios, templos e estátuas, entre os quais se encontram alguns mundialmente famosos, como a Grande Muralha, a Cidade Proibida, o Exército de Terracota, as Tumbas Ming e o Palácio Potala; e ainda atrativos econômicos, como possibilidades de negócios, zonas de desenvolvimento, feiras e exposições; atrativos culturais, como seminários, simpósios, universidades, festivais e festas de etnias, e outros.

Desse modo, a China podia oferecer roteiros bastante diversificados pelas várias regiões do país. Faltava-lhe, no entanto, não apenas uma infraestrutura diversificada para aproveitar ao máximo seus atrativos, mas uma política que facilitasse as viagens internas dos estrangeiros, de chineses de ultramar e de sua própria população. Esses obstáculos foram removidos já no início dos anos 80. Assim, ao entrar no século XXI, a China possuía uma variada gama de meios de transportes turísticos aéreos, terrestres, marítimos e fluviais, internacionais e domésticos, mais de quatro mil hotéis classificados por estrelas, uma imensa e diversificada variedade de restaurantes e um comércio de peças artísticas e de artesanato capaz de atender aos diferentes gostos.

A multiplicação das agências de turismo, estatais, coletivas e privadas, tornou possível ofertar serviços receptivos e de apoio tanto ao turismo proveniente do exterior (mais de setenta milhões em 2001, entre estrangeiros e chineses de ultramar) quanto ao turismo interno (mais de 650 milhões em 2001). Essa infraestrutura, por sua vez, também está se voltando para o crescimento do turismo emissor chinês, em razão da elevação do poder aquisitivo de sua população. Sudeste da Ásia, Europa e Estados Unidos têm sido os principais destinos turísticos dos chineses, abrindo perspectivas para a instalação de agências estrangeiras na China e de agências chinesas no exterior.

A China também diversificou suas relações comerciais e suas formas de intercâmbio. Ampliou consideravelmente o comércio de processamento, isto é, aquele em que as empresas chinesas realizam a montagem de equipamentos com materiais intermediários ou semimanufaturados, como componentes e peças, fornecidos pelos clientes, ou em que elas realizam a usinagem, moagem, prensagem, acabamento ou outras operações de processamento com matérias-primas importadas. Ao combinar essas diferentes formas para o desenvolvimento do comércio geral e tendo deixado de realizar seu comércio exterior apenas por empresas monopolistas do Estado, a China vem estabelecendo um sistema pelo qual esse comércio é regulado pelos métodos econômicos de impostos alfandegários, taxas de divisas, créditos, cotas e outros mecanismos apropriados.

A grande maioria das empresas chinesas pode exportar diretamente, sem grandes entraves burocráticos, aumentando a confiança da China de que elas serão capazes de enfrentar os desafios representados pela entrada do país na Organização

Mundial do Comércio (OMC). A China também tem ampliado paulatinamente seus investimentos diretos no exterior. No ano 2000, mais de seis mil de suas empresas investiram no exterior, nas áreas de comércio internacional, construção de moradias, informática, consultorias, finanças, seguros e outras, envolvendo mais de sete bilhões de dólares.

Outra modalidade, utilizada pela China para participar economicamente em outros países do mundo, tem sido os projetos de cooperação econômica e tecnológica. Em 2000, a China tinha mais de 1.700 projetos desse tipo, em 136 países e regiões, direcionados para a agricultura, silvicultura, recursos hídricos, indústrias alimentares, têxteis, elétricas, mecânicas, metalúrgicas e químicas, transportes, comunicações, cultura, educação, saúde e obras públicas. A contratação de empresas chinesas para obras e serviços também tem representado um importante item da cooperação internacional da China. Em 2000, as empresas chinesas possuíam contratos de obras e prestação de serviços em 187 países e regiões, envolvendo um volume superior a US$ 11 bilhões e mais de 350 mil pessoas.

O comércio exterior da China com a América Latina também vem crescendo, nos últimos anos, à taxa de 30% ao ano. Em 1995, as importações e exportações da China com 46 países latino-americanos chegaram a US$ 6,114 bilhões. Em 1997 cresceram para US$ 10 bilhões e alcançaram mais US$ 13 bilhões em 2002. Para incrementar esse comércio, desde 1996 a China adotou a orientação de não limitar o comércio bilateral às importações e exportações. Ela pretende combinar o comércio de importações e exportações com a cooperação bilateral nos setores industrial e agrícola e na transferência tecnológica. Ela quer exportar serviços e investir em fábricas de montagem (televisores, rádios, ventiladores, motocicletas e tratores) e de processamento (materiais farmacêuticos e vestuário) nos países latino-americanos.

A China quer, ainda, investir capitais e tecnologias em projetos de exploração de recursos minerais, florestais, agropecuários e pesqueiros de que necessita, de modo a aumentar a importação desses recursos e elevar a exportação de produtos chineses para a América Latina. Para isso, ela pretende estabelecer centros de distribuição de mercadorias em cidades portuárias chinesas, para o transporte para a América Latina, e oferecer serviços financeiros aos exportadores e importadores, pelo Banco da China, para facilitar, inclusive, a compra de pequenas quantidades de mercadorias chinesas.

Em relação à América Latina, o comércio bilateral Brasil-China tem um peso importante. Em 1997 alcançou cerca de US$ 2 bilhões, chegando a US$ 2,85 bilhões em 2001 e US$ 3,8 bilhões em 2002. O Brasil exportou principalmente aviões, minério de ferro, aços e soja em grãos, além de alguns outros poucos produtos. A China exportou para o Brasil principalmente carvão coque e produtos químicos, além de uma diversidade de outras mercadorias.

Apesar desse crescimento do comércio bilateral Brasil-China, seu volume é extremamente modesto para o potencial econômico dos dois países. Há muitos canais através dos quais o Brasil poderia acessar o mercado chinês e beneficiar-se de sua dinâmica de crescimento. Estratégias de longo prazo, que combinem a realização de investimentos na China com a exportação de produtos brasileiros de demanda crescente e, no outro sentido, investimentos chineses no Brasil, combinadas com a exportação de equipamentos e máquinas fabricadas pela China, parecem tornar-se uma tendência para ampliar as relações bilaterais entre os dois países.

Embora o controle macroeconômico dos investimentos e das exportações e importações, inclusive de capitais, encontre-se em mãos do governo central chinês, a crescente descentralização do desenvolvimento econômico e do comércio internacional da China permite às empresas, povoados, cantões, bairros, distritos e províncias grande autonomia de decisão. Essas unidades produtivas e administrativas podem entabular negociações diretas com investidores, exportadores e importadores, criando condições para a ampliação do comércio internacional.

Em parte, é por isso que os chineses acreditam que sua entrada na OMC pode contribuir para aumentar sua inserção no mercado mundial de capitais e mercadorias, evitar as retaliações que têm sofrido por não ser membro daquele organismo e intensificar sua integração com os países do Leste Asiático, ajudando a recuperação econômica destes à medida que mantiverem sua estabilidade e seu crescimento. Eles se prepararam durante quinze anos para o momento de ingressar na OMC, sabem que alguns setores de sua economia vão sofrer uma concorrência feroz, mas consideram-se com vantagens comparativas em muitos outros setores e estão seguros de que o risco terá mais vantagens do que desvantagens.

A China não tem nenhuma ilusão na OMC. Avalia que esta, até agora, tem sido um clube dominado pelas nações desenvolvidas. Mas, ao contrário dos que querem evitar esses aspectos negativos tentando eliminar a OMC, propõe-se a lutar por reformas nesse organismo multilateral, pela ação das nações atrasadas e em desenvolvimento, com vistas a estabelecer uma nova ordem econômica mundial. Ela está convencida de que somente integrando-se ao processo de globalização os países em desenvolvimento podem obter oportunidades para o seu próprio crescimento, contrapondo-se às desvantagens e aos aspectos negativos de tal processo.

Os vinte anos de desenvolvimento econômico e social da China parecem dar alguma razão aos chineses, que ainda se aproveitam da crise do mundo desenvolvido para prometer que ela investirá, até 2005, US$ 1,4 trilhão na importação de equipamentos e produtos de alta tecnologia. Um sinal de que ela não pretende se deter diante dos distúrbios que afetam as grandes potências industriais e continuará realizando sua política de abertura ao exterior, como aspecto importante de sua política geral de desenvolvimento.

DIPLOMACIA ATIVA E DISCRETA

Desde 1954, pelo menos, os comunistas têm proclamado sua intenção de manter relações diplomáticas com todos os países do mundo, tendo por base as cinco regras de coexistência pacífica: respeito mútuo à soberania e integridade territorial, não agressão, não ingerência nos assuntos internos de um país por parte do outro, igualdade e benefício recíprocos e coexistência pacífica.

Em outras palavras, para o PC e para o governo da República Popular da China, as relações diplomáticas podiam realizar-se independentemente das diferenças de sistema social e de ideologia. O Partido Comunista da China, por exemplo, sempre buscou estabelecer relações com os mais diferentes partidos de outros países, independentemente de sua cor política e ideológica, tendo como objetivos o conhecimento mútuo e a coexistência pacífica.

Nas relações estatais, os comunistas chineses partiam do princípio de que os demais países deviam considerar a China como um só país, o que incluía o reconhecimento de que Hong Kong, Macau e Taiwan eram partes inalienáveis da China e que o governo da República Popular da China era o único governo legítimo da China. Eles não aceitavam, mesmo após a adoção de sua política de "um país (China), dois sistemas (socialista e capitalista)", estabelecer relações diplomáticas com países que continuassem mantendo relações oficiais de qualquer tipo com as autoridades da província chinesa de Taiwan.

A manutenção desse princípio foi um dos motivos que fizeram que a China, entre 1950 e fins de 1969, mantivesse relações diplomáticas com apenas cinquenta países. A partir da década de 1970, porém, o princípio de uma só China passou a ser aceito por um número crescente de países, em parte em razão da normalização de suas relações diplomáticas com os Estados Unidos e da restituição de seu posto no Conselho de Segurança da ONU. Em 1979 a China havia ampliado suas relações diplomáticas para 121 países, chegando a mais de 160 países no ano 2000.

Em 1984, os comunistas deram outro passo importante para consolidar suas relações diplomáticas ao estabelecer a fórmula "um país (China), dois sistemas (socialismo e capitalismo)" para a reunificação pacífica dos enclaves coloniais de Hong Kong e Macau e da província de Taiwan. Por essa fórmula, Hong Kong,

Macau e Taiwan manteriam seu sistema capitalista por mais cinquenta anos, mas passariam a ser consideradas partes inalienáveis do território e da nação chinesa. Elas receberiam o *status* de *Regiões Administrativas Especiais,* com o direito de manter seu sistema econômico, social e político, e de serem governadas por seus próprios habitantes, ficando o governo central da República Popular da China responsável apenas pelas relações exteriores e pela defesa nacional.

Foi essa fórmula que orientou todas as negociações diplomáticas com a Grã-Bretanha e Portugal para a restituição de Hong Kong e Macau à soberania chinesa, e tem conduzido as difíceis negociações com os governantes de Taiwan. Os processos de incorporação de Hong Kong, em 1997, e Macau, em 1999, marcaram um ponto importante de inflexão da diplomacia chinesa, desde a Guerra do Ópio e a série de tratados desiguais impostos a partir de 1840, e foram uma demonstração palpável de que a China pretende garantir um ambiente de paz na Ásia e no mundo, esgotando todas as possibilidades de negociação pacífica, como uma das condições para o sucesso de seu programa de reformas e desenvolvimento.

Nesse sentido, as relações com os Estados Unidos ganharam um papel ainda mais estratégico na política internacional da China. Mesmo porque, na medida em que a China se torna um país de crescente peso internacional, tanto no terreno econômico quanto no tecnológico e militar, ela tende a conquistar cada vez maior importância na política externa dos Estados Unidos. Desde o início das reformas chinesas, os Estados Unidos vinham funcionando como um dos maiores mercados para as exportações da China, enquanto esta tornava-se um dos principais mercados para os investimentos de capitais norte-americanos. Isso contribuía favoravelmente para um certo equilíbrio nas relações entre ambos os países, apesar de elas sofrerem diferentes interferências de interesses econômicos, comerciais, políticos, culturais e ideológicos.

Nesse período, os sucessivos governos dos Estados Unidos estabeleceram diferentes estratégias em relação à China, desde a contenção pura e simples até a colaboração estratégica. Durante a campanha eleitoral norte-americana de 2000, e logo após sua posse, o presidente Bush manteve um discurso e medidas que apontavam para um contencioso crescente com a China, por considerá-la um "competidor estratégico". O ponto máximo dessa escalada contenciosa foi o incidente entre um caça chinês e um avião-espião norte-americano no Mar da China, ainda em 2000.

No entanto, o crescente declínio da economia americana no rumo da recessão, desde o primeiro semestre de 2001, atingindo a maior parte dos países do mundo, enquanto a China mantinha seu ritmo de crescimento, provocou mudanças na política contenciosa norte-americana. Embora o discurso ainda se mantivesse, em julho de 2001 o secretário de Estado, Collin Powell, visitou Beijing e promoveu uma sensível redução na tensão entre os dois países.

Depois disso, os atentados de 11 de setembro de 2001, e as flexões estratégicas que os Estados Unidos viram-se obrigados a realizar para combater o terrorismo, fizeram que também o discurso do *staff* norte-americano mudasse. Na cúpula da Cooperação Econômica Ásia Pacífico (Apec), em Xangai, em outubro de 2001, o presidente Bush declarou ao presidente chinês Jiang Zemin que os EUA não consideravam a China inimiga, mas uma amiga, e que desejavam desenvolver entre ambos os países uma relação "construtiva e cooperativa", por meio de "diálogos estratégicos de alto nível". Como disse a diretora da Agência de Desenvolvimento e Comércio dos EUA, Thelma Askey: "afetados por fatores econômicos e recentes tragédias... os Estados Unidos necessitam do mercado chinês para incrementar suas exportações".

Apesar disso, os diversos pontos de divergência entre os EUA e a China não são pequenos. Bush considera a questão de Taiwan "regional", enquanto a China a considera "interna" ou "doméstica", e esta não é uma simples diferença semântica. Há também discrepâncias quanto aos conceitos e às políticas de direitos humanos, étnicas, de proliferação de armas, do Escudo de Mísseis de Defesa e, no final de 2002 e início de 2003, sobre as ameaças de invasão ao Iraque. A China, embora de forma discreta, como tem sido seu estilo diplomático ativo nos anos recentes, colocou-se contra as pretensões e os pretextos norte-americanos para invadir o Iraque.

Porém, a não ser que os Estados Unidos, sob o comando do presidente Bush, envolvam-se num conflito sério que ameace os interesses nacionais e internacionais chineses, é provável que as relações "construtivas e cooperativas" se mantenham enquanto os Estados Unidos necessitarem do mercado chinês e a China, dos capitais e do mercado norte-americanos.

A política exterior chinesa não se restringiu, porém, às relações estratégicas com os Estados Unidos. Sua diplomacia, durante os anos finais do século XX, conseguiu resolver praticamente todos os problemas fronteiriços herdados das colonizações britânica e francesa na Ásia, estabeleceu acordos de cooperação e segurança mútua com a Rússia, Mongólia, Casaquistão, Quirguistão e Tajiquistão, e tem procurado desempenhar um papel apaziguador entre a Índia e o Paquistão na disputa pela Caxemira.

A diplomacia chinesa também tem tido um papel importante nas relações com os demais países asiáticos, principalmente na construção da Apec e sua transformação numa área de livre comércio nos próximos anos. E, embora continuem as pendências com o Japão em torno da avaliação histórica dos crimes praticados pelas tropas japonesas durante a Segunda Guerra Mundial, a China e o Japão ampliaram e distenderam suas relações.

O principal eixo estratégico das relações diplomáticas da China continua, no entanto, voltado para as nações em desenvolvimento, aquelas que costumava chamar de Terceiro Mundo. A própria China, apesar de todos os avanços econômicos dos últimos anos, continua considerando-se uma nação em desenvolvimento e parte daquele mundo. Ela trabalha na perspectiva de que a ação conjugada dessas nações, em aliança com as nações do Segundo Mundo que se oponham ao hegemonismo e à unipolaridade, consiga ampliar a multipolaridade, mudar a ordem econômica mundial e manter um ambiente de paz e desenvolvimento.

## 10. A China no século XXI

Nos cinco anos finais do século XX, os comunistas chineses já estavam convencidos de que um incremento de 10% ao ano no PIB exercia pressão demasiada sobre as matérias-primas e a infraestrutura do país, alimentando tensões inflacionárias, polarizações de renda e outros fenômenos negativos a seu processo de desenvolvimento, e colocando em risco sua estabilidade social e política.

Foi isso que os levou a um empenho ainda maior para mudar seu ritmo de alto crescimento para um crescimento moderadamente rápido de 7% a 8% ao ano, dando mais atenção à qualidade e à eficiência e tendo como forças motrizes as indústrias eletromecânica e de tecnologia de informação. Foi também isso que os levou a transferir o centro do desenvolvimento das zonas litorâneas para o centro e o oeste do país, que compreende cerca de 55% do território e onde vivem 64% da população, e a adotar estratégias que trouxessem para primeiro plano a economia de recursos, sistemas compensatórios de utilização dos recursos naturais e medidas ativas de proteção e recuperação ambiental.

A China, dessa forma, entrou no século XXI mudando de ritmo e de centro, adotando medidas anticrise, por meio da elevação ainda maior da renda de sua população, do estímulo ao consumo interno e da diversificação dos investimentos, de modo a transformar seu mercado doméstico no principal indutor de seu desenvolvimento, e mantendo sua competividade internacional e suas reformas. Isso não representou mudanças significativas em seu programa geral de reformas e desenvolvimento, mas constituiu um ajuste importante em sua condução, tendo em vista a crise econômica internacional puxada pela crise norte-americana.

## Mudanças de ritmo e centro

Muitos críticos internacionais e chineses reclamavam do padrão de modernização desigual que deu prioridade às zonas litorâneas e, nestas, às Zonas Econômicas Especiais e Portos Abertos ao exterior, relegando a segundo plano as regiões do centro e do ocidente da China. No entanto, é duvidoso que a China pudesse transferir o centro de seu desenvolvimento para o centro e oeste de seu território se não tivesse se desenvolvido com mais rapidez nas regiões orientais e permitido a estas alcançar uma dinâmica econômica que lhes permitisse transferir capitais e tecnologias para o oeste.

Aqui, como nas demais reformas, os chineses aplicaram sua metodologia gradualista, já que dificilmente seria possível resolver as desigualdades regionais ao mesmo tempo. Apesar disso, as crises financeiras de 1997 a 1999 apanharam os chineses em plena mudança de foco. Essas crises, além de abalar a maioria dos países asiáticos e ter efeitos devastadores sobre a maior parte dos países em desenvolvimento e atrasados, respigaram sobre a China, obrigando-a a adotar medidas complementares para manter o fluxo de investimentos externos, o crescimento de suas exportações e a ampliação do mercado doméstico.

O programa de modernização do centro e do oeste do país teve ampliadas as facilidades ofertadas aos empresários estrangeiros e domésticos que investissem na região, e aos técnicos e trabalhadores especializados que aceitassem deslocar-se para lá. Ao lado disso, o governo central também adotou uma política fiscal ativa, lançando, na segunda metade de 1998, 100 bilhões de yuans (US$ 12,2 bilhões) em títulos do Tesouro, e estimulando os bancos a ofertarem outros 100 bilhões de yuans em créditos para investimentos em infraestrutura e na construção de moradias.

Essas medidas não foram, porém, suficientes. No segundo trimestre de 1999, o consumo e os preços voltaram a cair e as exportações se enfraqueceram, enquanto os depósitos nas instituições financeiras aumentaram. Como resposta a essa tendência de deflação, o governo lançou mais 60 bilhões de yuans em títulos do Tesouro, redirecionando os investimentos para ciência, tecnologia e educação e para setores, empresas e produtos-chave, ao mesmo tempo que encorajava os investimentos não governamentais e o consumo.

Com isso, foi possível dissipar momentaneamente os sinais de deflação, manter a estabilidade do renminbi, aumentar a demanda e obter taxas de crescimento superiores a 7% em 1999 e 2000. No entanto, a situação crítica do mundo, mais evidente nos primeiros meses de 2001 com a renitente estagnação japonesa e a desaceleração da economia norte-americana, agravou-se no segundo semestre.

As previsões sobre o comércio mundial e o crescimento do PIB dos diversos países do mundo já eram nebulosas desde meados do ano. Mas os atentados ao World Trade Center, em Nova York, a reação inicialmente descontrolada do governo norte-americano e, depois, os bombardeios contra o Afeganistão tornaram-na ainda mais sombrias. No final de 2001, o comércio mundial apresentou um crescimento de 1% contra 13% em 2000, a demanda por produtos exportados dos países mais pobres teve uma queda de 10% e o PIB mundial cresceu apenas 1,3% contra 3,8% em 2000.

Houve tanto retração nos investimentos de capitais de risco quanto em operações de crédito e emissão de títulos. O Conselho de Cooperação Econômica do Pacífico, pertencente à Apec, calculou que o fluxo de capitais para os "mercados emergentes" teve uma queda de 36,5% – de US$ 167 bilhões em 2000 para US$ 106 bilhões em 2001 –, enquanto o crescimento da região, considerada a de maior dinamismo econômico do mundo, ficou em torno de 1%.

Esses cenários mundiais e regionais negativos refletiram-se nos contratos de exportação da sessão de Outono, em outubro, da maior feira de *commodities* da China, a Feira de Cantão. As ordens de compra das oito nações do Golfo Pérsico tiveram uma queda de 55%, somando apenas US$ 680 milhões, enquanto os contratos com os EUA declinaram 22%, totalizando US$ 1,4 bilhão. Essas reduções representaram um peso importante na queda de 15,4% no total das vendas (US$ 13,4 bilhões), em comparação com a sessão de Primavera, em abril, que havia alcançado US$ 15,8 bilhões.

Desse modo, o crescimento das exportações chinesas que, apesar de tudo, havia chegado a 11,3% no primeiro semestre de 2001 ficou em 7% no ano. Embora isso fosse superior a tudo que se conhece no resto do mundo, não deixou de ter um impacto negativo sobre os programas e o ritmo de crescimento geral da China, que ficou em 7,5%, cerca de 1% a menos do que estava projetado. Essa queda elevou o número de desempregados em dois milhões e a taxa geral de desemprego no país a mais de 4% da PEA.

O crescimento das importações foi maior do que o das exportações, fazendo que o superávit da balança comercial caísse dos US$ 6,3 bilhões de 2000 para US$ 5,1 bilhões em 2001. É evidente que, comparada às recessões de Taiwan e Cingapura, agravadas pelo naufrágio tecnológico dos EUA e do Japão, ou às dificuldades da Indonésia, Coreia e Malásia, cujas economias cresceram a ritmos bem mais lentos, a situação da China ainda era confortável.

Apesar de tudo, os investimentos externos diretos na economia chinesa haviam crescido 20% no primeiro semestre de 2001 (US$ 20,1 bilhões) e chegaram a US$ 41 bilhões até o final do ano. E as estimativas eram que continuariam crescendo nos próximos anos, estimando-se que se elevariam a US$ 65 bilhões em 2005. As reservas internacionais da China alcançaram US$ 260 bilhões, a inflação manteve-se em níveis muito baixos e a paridade entre o yuan ou renminbi e o dólar manteve-se estável (US$ 1 = RBM 8,26). Entretanto, os chineses tinham consciência de que sua economia podia ser contaminada pelos distúrbios internacionais, principalmente porque ainda apresentava muitos pontos débeis.

Para manter o crescimento do seu PIB a taxas de 7,8% em 2002 e 8% em 2003, num brutal contraste com o ritmo de crescimento do resto do mundo, o governo chinês teria que tomar uma série de medidas estratégicas para expandir seu próprio mercado doméstico e tomá-lo como suporte principal de seu desenvolvimento, até que a economia mundial superasse suas dificuldades.

Além disso, tendo em conta a importância de um ambiente pacífico para o sucesso de seu processo de crescimento, o governo chinês também operou silenciosa mas eficazmente no sentido de levar os EUA a modificarem sua estratégia política e militar após os atentados terroristas. O núcleo da política chinesa consistiu em condenar todas as formas de terrorismo, clamar pela observação da Carta da ONU e das leis internacionais, pressionar por um papel-chave para o Conselho de Segurança da ONU, exigir a clara definição dos alvos, no caso do combate concreto ao terrorismo, de modo a evitar a morte de inocentes e prejuízos à população civil, e considerar o caminho do desenvolvimento como o instrumento mais eficaz para esvaziar as fontes de apoio ao terrorismo.

Foi nesse quadro conturbado que o governo chinês adotou, desde o final de setembro de 2001, um conjunto de medidas anticrise para enfrentar os perigos da recessão mundial. Elas abrangeram a elevação da renda da população urbana e rural, o estímulo ao consumo doméstico, a continuidade da competição chinesa no mercado internacional, o aprofundamento das reformas, especialmente as que dizem respeito às empresas estatais e aos sistemas fiscal e financeiro, a perseverança nas políticas fiscais ativas, a manutenção dos investimentos governamentais nos níveis correntes e o encorajamento aos investimentos não estatais.

Elevação da renda e do consumo

Pesquisa realizada em outubro de 2001 pela *Chat Magazine*, entre trabalhadores de Xangai, Guangzhou e Shenyang, mostrou que 57,6% deles recebem entre 500 e 1.500 yuans/mês (US$ 60 e US$ 181). Em Shenyang, 20% ganham menos do que aquele mínimo, enquanto em Xangai e Guangzhou cerca de 60% recebem mais de 1.000 yuans. As estatísticas, por sua vez, apontam que a renda anual média urbana chinesa situa-se em

6.280 yuans (US$ 756), enquanto a renda rural é de 2.253 yuans (US$ 271).

Embora essas rendas médias nominais sejam muito baixas em comparação com os padrões internacionais, elas são, em geral, superiores ao custo de vida básico nas regiões urbanas e rurais, principalmente em razão do controle exercido pelo Estado sobre os preços dos itens de consumo mais importantes. As estatísticas mostram que as despesas médias anuais de consumo, incluindo moradia, transportes, alimentação, vestuário, educação e saúde, estão abaixo da renda média em cerca de 30% para a população urbana e 20% para a população rural.

Em termos concretos, os preços dos produtos básicos de consumo cotidiano também são muito baixos em comparação com os padrões internacionais. É o que permite aos baixos salários nominais chineses um poder de compra razoavelmente alto e possibilita à China realizar uma poupança interna de mais de 7 trilhões de yuans. Talvez por isso, 64% dos pesquisados garantam ter alimentação e roupa adequadas, 27% sustentem ter um melhor padrão de vida e 80% digam estar satisfeitos com suas condições de vida.

Apesar disso, as autoridades chinesas não têm dúvida de que só elevarão a demanda doméstica se continuarem persistindo no aumento consistente dos rendimentos da população. Assim, com seu método passo a passo, o governo voltou a dar um novo aumento aos funcionários públicos, cujos salários continuavam, em geral, inferiores aos dos empregados nas estatais e empresas coletivas e privadas. Ao mesmo tempo, elevou em 80 yuans/mês as pensões e subsídios aos aposentados e desempregados e instituiu o 13º salário anual.

Além de estender aos trabalhadores rurais os mesmos benefícios dados aos trabalhadores urbanos e reduzir gradualmente os impostos agrícolas, o governo está garantindo aos trinta milhões que ainda vivem abaixo da linha da pobreza o fornecimento de cupons para sua subsistência. O imposto de renda dos que ganham entre 50 mil e 100 mil yuans/ano (US$ 6 mil e US$ 12 mil/ano) também está sendo reduzido ou sofrendo isenção, ao mesmo tempo que as barreiras que impediam a adoção do imposto de renda progressivo estão sendo removidas.

Os governos locais e departamentos estatais têm sido pressionados a elevar o padrão de vida dos aposentados e desempregados. Aumentou o número de empresas estatais com centros de reemprego e há um esforço redobrado para que o sistema de seguridade social, que nos últimos três anos gastou US$ 8,7 bilhões com 90% dos desempregados, abranja todo o país. Cem milhões de trabalhadores participavam do seguro-desemprego e quatro milhões de residentes urbanos estavam no sistema de renda mínima, enquanto 106 milhões eram atendidos pelo sistema de seguro da velhice.

Elevando principalmente a renda dos níveis inferiores, o governo chinês pretende fazer que essas camadas desempenhem um papel importante no crescimento do consumo doméstico. Em termos gerais, o poder aquisitivo da população chinesa subiu mais de 9%, de julho de 1999 a dezembro de 2001, contribuindo para aumentar a demanda efetiva em 247 bilhões de yuans (US$ 29 bilhões) desde então. Para transformar esse aumento da renda em consumo e dinamizar a economia, o governo chinês ampliou os principais feriados nacionais, criou estímulos ao turismo interno e à educação, aumentou os programas de construção de moradias e intensificou os investimentos em infraestrutura e ativos fixos.

Pela ampliação dos feriados nacionais de 1º de Maio (Dia do Trabalhador), 1º de Outubro (Dia Nacional), Ano-Novo e Ano-Novo Lunar (Festival da Primavera) para uma semana inteira, o governo deu um importante impulso às vendas e ao turismo doméstico. Pesquisa realizada nas cem maiores lojas de departamento da China, no feriado da primeira semana de outubro de 2001, mostrou que as vendas totais tiveram um crescimento de 17% em relação ao mesmo período de 2000.

Ao mesmo tempo, tem crescido consideravelmente a quantidade de eventos e outras formas de atração turística. Embora muitos deles estejam concentrados nos períodos dos quatro grandes feriados, é possível encontrar programações de festivais artísticos, exposições, feiras de negócios, seminários científicos e culturais, festas folclóricas etc. em todas as estações do ano, atraindo milhares de turistas dos mais diversos pontos da China.

As ofertas de cursos de reciclagem, especialização, pós-graduação e de outros tipos, em períodos diurnos e noturnos, têm crescido consideravelmente, de modo que o aumento da renda reverta para criar condições ainda mais favoráveis para o acesso a rendas maiores no futuro. Por sua vez, as novas facilidades de crédito a juros baixos para a aquisição de moradias modernas e mais amplas transformaram-se numa poderosa alavanca para elevar o nível habitacional da população e impulsionar a construção civil.

Investimentos

Apesar dos problemas fiscais e financeiros, a China não diminuiu em nada seu gigantesco ritmo de investimentos em infraestrutura. É possível ver algumas obras paralisadas em Beijing, Xangai, Guangzhou e outras grandes cidades da faixa litorânea de maior desenvolvimento, mas elas certamente não passam de episódios momentaneamente malsucedidos.

O ritmo febril na construção de prédios, moradias, avenidas, viadutos e outras utilidades públicas, com um planejamento voltado para criar amplos espaços urbanos, com volume proporcional de construções, áreas verdes e distâncias entre construções, está transformando as cidades chinesas em sítios modernos e arejados, a tal ponto que criou uma polêmica em torno da conservação de algumas áreas *hutongs,* bairros com construções antigas típicas.

A construção de rodovias, ferrovias, pontes, portos, aeroportos, usinas hidro e termoelétricas, linhas de transmissão, sistemas de telecomunicações e novas indústrias, está se estendendo agora ao centro e ao oeste do país. A construção do complexo hidráulico das Três Gargantas, no Rio Iangtsé, iniciada em 1993, é provavelmente a mais emblemática do país. Com investimentos de US$ 12 bilhões, incluindo US$ 4,8 bilhões apenas para o reassentamento de 1,13 milhão de pessoas, estará concluída em

2009. No entanto, não menos significativos são os projetos de desvio de 38 a 40 bilhões de metros cúbicos por ano de águas do Rio Iangtsé para as terras secas da região norte e a chegada dos trilhos da moderna ferrovia que liga o leste da China a Lhasa, no Tibete, a 4.500 m de altitude.

A escolha de Beijing como sede dos Jogos Olímpicos em 2008 tornou-se outro pretexto para modernizar ainda mais essa cidade já moderna. Estão projetados US$ 13,9 bilhões de investimentos para preparar a cidade até 2007, podendo chegar a US$ 22 bilhões os investimentos adicionais em projetos de desenvolvimento urbano e utilidades públicas no mesmo período. Apenas para os Jogos Olímpicos, a cidade deve preparar 22 ginásios, estádios e piscinas, quinze outros locais para competições, além dos alojamentos da Vila Olímpica, num *boom* de construções superior ao que já transformou Beijing nos últimos anos.

O aeroporto da capital, atualmente capaz de atender 35 milhões de passageiros/ano, terá que ser expandido para atender cinquenta milhões. O metrô, por onde trafegam atualmente 480 milhões de passageiros por ano, em 2008 deverá ser capaz de conduzir 1,7 bilhão de passageiros, atingindo 100 km de extensão. Apenas os projetos do aeroporto, metrô, metropolitano de superfície e avenidas expressas devem absorver US$ 10,8 bilhões.

Enquanto o distrito central de Beijing deve receber investimentos de US$ 2,5 bilhões, o meio ambiente da capital receberá US$ 5,4 bilhões para reajustar a matriz energética, melhorar a qualidade do ar, reconstruir o sistema de coleta e tratamento do lixo e ampliar a área verde *per capita* para dez metros quadrados, o que significa cerca de cem milhões de metros quadrados reflorestados.

O governo chinês está ainda realizando esforços para ampliar os investimentos não estatais nesses e em outros projetos de seu interesse. Está eliminando encargos irracionais, quebrando monopólios administrativos, abrindo alguns monopólios comerciais, como ferrovias e aviação civil, à participação de capitais privados domésticos e estrangeiros, intensificando seu apoio às pequenas e médias empresas e ampliando suas ofertas para investimentos no centro e oeste do país, onde existem ricos recursos naturais, uma política tributária mais favorável e uma mão de obra relativamente mais barata do que no leste.

Só na preparação de Beijing para os Jogos Olímpicos, estima-se que ocorram investimentos adicionais, não estatais, da ordem de US$ 22 bilhões, tanto para o novo *boom* de construções civis quanto para as inúmeras obras de infraestrutura e outras áreas que tendem a desenvolver-se em razão do evento, como turismo e serviços correlatos.

O centro e oeste da China compreendem dezoito províncias e regiões autônomas. Detêm 71% das pastagens naturais, 38,5% das terras adequadas a reflorestamento, 80% dos recursos hidroelétricos, 80% das reservas de lítio, níquel, platina e asbesto e 40% das reservas de gás natural de todo o país. Até o momento, as áreas de maior crescimento, no Tibete, Rota da Seda, Xinjiang e Yunnan, têm sido a energia, agropecuária e turismo; na Ponte Euro-asiática e ferrovia Kummin-Nanning, os transportes ferroviário e aéreo; no Xinjiang, que possui uma fronteira de 5.600 km com os mercados da Ásia central, as telecomunicações, os transportes e outros serviços.

As possibilidades de desenvolvimento e participação estrangeira no centro e oeste da China estendem-se à exploração dos recursos naturais (hidroelétricos, petróleo, gás etc.), construção de infraestrutura (energia, transporte, telecomunicações, urbanização, sistemas de metropolitanos), estabelecimento de empresas agrícolas e pecuárias avançadas, processamento de produtos agrícolas e animais, desenvolvimento agrícola integral, transformação técnica e melhoria das empresas antigas (maquinaria, eletrônica, indústria automotriz, materiais de construção, química, têxteis) e desenvolvimento cooperativo dos recursos de turismo.

No setor imobiliário, cujos programas de construção e reformas de moradias urbanas e rurais estão sendo intensificados, apenas em 2000 a taxa de inversão foi 5% do PIB. Entre 1995 e 2000, ocorreu um crescimento de 15% ao ano na construção de moradias, com a elevação do nível de urbanização de

28%, em 1995, para 35%, representando a construção de 230 novas cidades e cinco mil novos povoados.

Embora a construção de vilas de luxo, edifícios de escritórios e outros projetos de alto custo tenham passado a ter controle restritivo, para dar prioridade à construção de moradias, as taxas médias de retorno no mercado imobiliário chinês continuam bastante elevadas. São de 30%, contra 6%-8% no mercado internacional. Não por acaso as empresas estrangeiras atuando no mercado de construção somam mais de 1.200 e as provenientes de Hong Kong, Macau e Taiwan são 3.400.

Além disso tudo, para continuar como parte atuante no mercado internacional, num quadro de crise, a China adotou medidas para ampliar a política de atração de capitais externos, aproveitar as vantagens comparativas de seu ingresso na OMC, levantar as barreiras ainda existentes para a entrada de capitais externos e privados em áreas de monopólios estatais (ferrovias, aviação civil, mercado de ações etc.) e elevar a produtividade e a qualidade dos produtos chineses para aumentar sua competitividade.

Apesar do baque nas exportações, a China não pretende encolher-se nas relações internacionais. Ela acredita que, diante da recessão mundial, seu crescimento será um atrativo imperdível para capitais em busca de aplicação. Seus economistas consideravam possível, antes da cúpula da Apec, que os investimentos diretos em sua economia chegassem a US$ 41 bilhões em 2001, mas tinham dúvidas sobre os anos seguintes. O Acordo de Xangai, porém, reforçou suas expectativas e, em 2002, tais investimentos chegaram a US$ 56 bilhões.

Sua proposta de nova rodada multilateral de comércio na OMC – aprovada em Doha, logo depois – e a decisão de concretizar as Metas de Bogor (livre comércio dos membros da Apec entre 2010 e 2020) levaram o Conselho de Cooperação Econômica da Apec a estimar que essas medidas podem gerar US$ 600 bilhões adicionais no comércio mundial e elevar os investimentos externos na China durante os próximos anos.

## Aprofundando as reformas

Assim, em vez de arrefecer o processo de reformas de sua estrutura econômica, a crise mundial está levando a China a tomar novas medidas para aprofundá-las. Além daquelas relacionadas com a mudança de ritmo e de centro, o reforçamento do mercado doméstico e a intensificação dos investimentos e da competitividade internacional, a China entrou no século XXI avançando na reforma das estatais e nas reformas fiscal e financeira.

O estabelecimento de um sistema empresarial moderno, como mais uma etapa importante na reforma nas estatais, deve significar o funcionamento de acordo com os requerimentos do mercado e a produção em escala, a definição dos direitos de propriedade e dos direitos e responsabilidades das empresas perante a sociedade, a separação da administração governamental da gestão empresarial e a adoção da gestão científica. Na prática, trata-se de seguir o exemplo daquelas empresas estatais, como as siderúrgicas Baoshan e Anshan, que já conseguiram estabelecer tal sistema e transformaram-se em empresas públicas capazes de funcionar num ambiente de mercado em padrões iguais ou superiores às corporações capitalistas, em termos de eficiência econômica, rentabilidade, bem-estar de seus funcionários--proprietários e responsabilidade social.

Nas áreas fiscal e financeira, a China enfrentava, ainda em 2002, pelo menos quatro grandes problemas: 1. a participação do governo central na arrecadação global do país era relativamente baixa; 2. as taxas extraorçamentárias concorriam com os impostos; 3. havia cerca de US$ 58 bilhões de créditos irrecuperáveis ou podres dos bancos comerciais estatais; 4. o mercado de capitais precisava de uma estrutura regulatória.

A participação do Estado no produto do país se contraíra nos últimos anos. Ela foi de 40% durante os anos da economia de comando centralizado, baixou para 31,8% em 1978, para 22,4% em 1985 e para 10,7% em 1995, cabendo ao governo central apenas metade desse total. Em termos internacionais, essa participação é muito reduzida, contribuindo para enfraquecer a capacidade do Estado de implementar o macrocontrole sobre o desenvolvimento do país.

As tentativas de incrementar os investimentos públicos por intermédio dos governos provinciais e locais, no entanto, têm falhado porque estes tendem a alocar recursos apenas em setores que tragam retornos econômicos rápidos, o que não é o caso de setores estratégicos como a agricultura, a educação e a saúde. Nessas condições, para fazer frente à escassez de fundos, o governo central tem lançado títulos para sustentar o desenvolvimento, mas isso pode colocá-lo em situação difícil quando tiver que saldar seus débitos.

Além disso, o governo central tem tido pouco controle sobre as taxas extraorçamentárias estipuladas pelos departamentos governamentais. Em 2001 existiam mais de mil taxas estipuladas por governos de diferentes níveis. Em algumas regiões, como em Guangzhou, em 1996, o valor dessas taxas podia ser o dobro do valor dos impostos. Esses recursos extraorçamentários, por sua vez, sem gerenciamento estrito e supervisão eficiente, transformavam-se em alimento para a corrupção.

Nessas condições, as reformas fiscais direcionaram-se para eliminar a maior parte das taxas, transformar algumas em impostos, redistribuir a participação dos governos central e locais na arrecadação e estabelecer um sistema fiscal que cubra todas as atividades econômicas. Com isso, o governo chinês pretende realizar uma política fiscal ativa para ampliar a demanda doméstica, sustentar um crescimento moderado em créditos monetários e monitorar as flutuações nas condições fiscais e econômicas internas e internacionais.

Para solucionar o problema dos créditos irrecuperáveis, um evidente risco financeiro, tido como custo inevitável na transformação de uma economia centralmente planificada numa economia de mercado, o governo não só reduziu seus gigantescos ativos não realizáveis (NPL), pertencentes aos quatro maiores bancos comerciais chineses, a uma média de 2% a 3% ao ano, como transferiu para companhias de administração de ativos o tratamento dos empréstimos irrecuperáveis, que representam 7% de todos os empréstimos em moeda local e estrangeira.

Essas companhias absorveram 1,4 trilhão de yuans (US$ 169,1 bilhões) em créditos podres daqueles bancos, conseguindo recuperar 40,13 bilhões de yuans até setembro de 2001. Paralelamente a isso, o governo estimulou o estabelecimento de empresas de avaliação de risco para supervisionar o sistema de crédito que não era padronizado, tinha uma legislação ultrapassada, não trabalhava com informações confiáveis e não utilizava os resultados das avaliações de risco para fornecer os empréstimos.

Quanto ao mercado de capitais, os fundos de investimentos ainda são considerados a parte mais débil do sistema financeiro chinês. Após a falência da Guangdong International Trust & Investment Co. (Gitic), em 1998, incapaz de pagar débitos no valor de US$ 3,38 bilhões no mercado internacional, seguida da quebra de fundos semelhantes em Hainan, Dalian e Tianjin e mais outras 116 companhias de investimentos, o setor parecia haver ingressado numa crise sem retorno. Esses fundos haviam se envolvido em atividades não relacionadas com investimentos, aceitavam ilegalmente depósitos de pessoas físicas e lançavam bônus internacionais sem aprovação das autoridades monetárias centrais.

Apesar da profundidade da crise, em grande parte decorrente da ausência de leis que regulassem esse mercado, o Banco Central chinês lançou a nova Lei sobre Fundos de Investimento e uma campanha para reestruturar o setor, tomando como base os 120 fundos que não haviam sucumbido. Regras estipulando as condições para o lançamento de novos produtos somente após avaliação de risco por um grupo de especialistas do Banco Central e separando as empresas de seguros dos fundos de investimento fazem parte de um conjunto de medidas para tirar lições daquela crise e montar um forte mercado de capitais na China, considerado um instrumento indispensável para enfrentar os desafios do ingresso na OMC.

## Conclusões

Em seu programa de reformas, de cinquenta a cem anos, as autoridades comunistas chinesas estabeleceram duas grandes metas, cada uma com submetas constitutivas e integradas: construir uma nova civilização material e construir uma nova civilização cultural ou espiritual.

Por civilização material, elas entendem o desenvolvimento geral de suas forças produtivas materiais, compreendendo uma forte estrutura econômica que permita a toda a sua população usufruir aquilo que chamam de nível de vida material *medianamente abastado* ou *confortável*, o que pode ser medido com base no Produto Interno Bruto (PIB) e na distribuição equilibrada da renda.

Nesse sentido, o projeto de reformas, iniciado em 1980, tinha como metas dobrar o PIB entre 1980 e 1990 e dobrá-lo novamente entre 1990 e 2000, tendo por base o PIB de 1980. Entre 2000 e 2010, o PIB deverá ser dobrado novamente, mas, dessa vez, tendo como base o PIB de 2000. Quanto à distribuição da renda, relacionada principalmente com os rendimentos dos camponeses e com os salários dos trabalhadores urbanos, estes deveriam acompanhar de perto o crescimento da economia, de tal modo que em 2000 não houvesse mais nenhum chinês abaixo da linha da pobreza e em 2010 as camadas inferiores da população estejam vivendo um padrão comparável ao dos belgas.

Em termos concretos, em 1995 a China já tinha quadruplicado seu PIB, alcançando em 2000 uma cifra superior a US$ 1,2 trilhão em termos de paridade cambial, cerca de US$ 5 trilhões em termos de paridade de poder de compra. Enquanto o crescimento econômico cresceu a uma média de 8% a 9% durante vinte anos, a renda da população urbana e rural cresceu a uma média de 5% a 6%. Das 250 milhões de pessoas que viviam abaixo da linha da pobreza em 1885, restaram menos de trinta milhões nessa condição na passagem do século. E se a China dobrar novamente seu PIB até 2010, isso representará quase US$ 2,5 trilhões pela paridade cambial e cerca de US$ 12 trilhões, pela paridade de poder de compra.

Com isso, estará conformada a base material sobre a qual poderá erigir-se a civilização cultural ou espiritual que os chineses estão construindo paralelamente, mas a um ritmo dependente daquela base material. É evidente que, mesmo com um ritmo que parece alucinante para países que estão estagnados ou com baixo crescimento econômico e social, o desenvolvimento econômico, social, cultural e político chinês ainda tem um longo caminho a percorrer. Como eles próprio reconhecem, seu ponto de partida estava historicamente muito atrasado, e a imensidão de sua população dilui qualquer produção bruta, por mais elevada que seja. Além disso, a paz de que tanto necessitam para levar a bom termo seu programa não depende só deles.

Nessas condições, para saber se a Revolução Chinesa, definida mais claramente a partir da Guerra de Resistência contra o Japão e da terceira guerra civil revolucionária, alcançou seus objetivos estratégicos, será necessário acompanhar por mais tempo a presente transição do estágio inferior do socialismo para um estágio mais elevado.

# Bibliografia

ARARIPE, O. *China, hoje, o pragmatismo possível*. Rio de Janeiro: Artenova, 1974.

BETTELHEIM, C. *Quelques questions sur la Chine aprés la mort de Mao Tsetung*. Paris: Maspero, 1978.

BURCHETT, W. *China, outro modo de viver*. Lisboa: Publicações Europa-América, 1976.

CARVALHO, C. E. (Org.). *Socialismo em debate*. São Paulo: Instituto Cajamar, 1987.

CHANG, J. *Cisnes selvagens*. São Paulo: Companhia das Letras, 1991.

CHENG'EN, W. *Havoc in Heaven, Adventures of the Monkey King*. Beijing: Foreign Language Press, 1979.

CHESNEAUX, J. *Le mouvement social paysan en Chine (1840/1949)*. Paris: Soleil, 1976.

CHEVRIER, Y. *Mao e a Revolução Chinesa*. São Paulo: Ática, 1996.

ENLAI, Z. *Obras escojidas (1926-1949)*. Beijing: Editorial Lenguas Extranjeras, 1981.

HAESBAERT, R. *China entre o Oriente e o Ocidente*. São Paulo: Ática, 1994.

HINTON, W. *Fanshen, a Documentary of revolution in a chinese village*. New York: Vintage Books, 1966.

LESCOT, P. *O império vermelho*. Rio de Janeiro: Objetiva, 1999.

MAO JUNIOR, J., SECCO, L. *A Revolução Chinesa*. São Paulo: Scipione, 1999.

MENGKUI, W. (Org.). *China's Economic Transformation over 20 years*. Beijing: Foreign Language Press, 2000.

PINGTEH, C. *Fleurs des champs*. Pekin: Edition en Langues Etrangères, 1973.

POMAR, W. *O enigma chinês, capitalismo ou socialismo*. São Paulo: Alfa-Ômega, 1987.

REIS, D. A. *A Revolução Chinesa*. São Paulo: Brasiliense, 1981.

_____. *A construção do socialismo na China*. São Paulo: Brasiliense, 1981.

ROUX, A. *Le casse-tête chinois*. Paris: Edition Sociales, 1980.

RUIYUN, H. et al. *Contemporary Chinese Fables*. Panda Books, 1990.

SHANG, H. *Tales from Peking Opera*. Beijing: New World Press, 1985.

SHANGQUAN, G., FULIN, C. (Org.). *Theory and Reality of Transition to a Market Econonomy*. Beijing: Foreign Language Press, 1995.

_____. *The Development of China's Nongovernmentally and Privately Operated Economy*. Beijing: Foreign Language Press, 1996.

_____. *China's Social Security System*. Beijing: Foreign Language Press, 1996.

_____. *Reforming China's Financial System*. Beijing: Foreign Language Press, 1996.

_____. *Reforming China's State-Owned Enterprises*. Beijing: Foreign Language Press, 1997.

_____. *Rapid Economic Development in China and Controlling Inflation*. Beijing: Foreign Language Press, 1997.

SHAOQI, L. *Selected Works (1926-1949)*. Beijing: Foreign Language Press, 1984.

SPENCE, J. D. *Em busca da China moderna*. São Paulo: Companhia das Letras, 1990.

_____. *O filho chinês de Deus*. São Paulo: Companhia das Letras, 1996.

TIANYU, F. (Org.). *La inteligencia a los ojos de los pensadores chinos*. Shanghai: Lenguas Extranjeras, 1986.

TUCHMAN, B. W. *Stiwell and the American Experience in China*. New York: Bantam Book, 1971.

_____. *Notes from China*. New York: Coolier Books, 1972.

VILAR, N. *China, el ideograma socialista*. Buenos Aires: Tesis 11, 1995.

WITKE, R. *Madame Mao*. Rio de Janeiro: Nova Fronteira, 1977.

XIAFENG, P. *The Stagecraft of Peking Opera*. Beijing: New World Press, 1995.

XIAPING, D. *Selected Works (1975-1982)*. Beijing: Foreign Language Press, 1984.

XUN, L. *Ouvres choisies (Essais-1918-1927)*. Beijing: Edition Langues Etrangères, 1981.

_____. *Novelas escolhidas*. Rio de Janeiro: Imago, 1988.

YANCHI, Q. *Mao Zedong, Man, not God*. Beijing: Foreign Language Press, 1992.

YU, C. *Tempestade*. Biejing: Edição em Línguas Estrangeiras, 1980.

YU, P. *O último imperador da China*. São Paulo: Marco Zero, 1990.

YUNG, C. *Zhu De*. Beijing: Edición Lenguas Extranjeras, 1979.

ZEDONG, M. *Ecrits militaires*. Pekin: Eddition Langues Etrangères, 1964.

_____. *Obras escolhidas*. São Paulo: Alfa-Ômega, 1984. (v.I: Análise de classes na sociedade chinesa; Relatório de pesquisa sobre o movimento camponês em Hunan; Por que o poder político vermelho pode existir na China? A luta nas montanhas Changgang; Sobre a correção das ideias incorretas no partido; Uma só faísca pode incendiar toda a pradaria; Problemas estratégicos da guerra revolucionária da China; As tarefas do Partido Comunista da China no período da resistência ao Japão; Conquistar as massas de milhões para a frente única nacional antijaponesa; Sobre a prática; Sobre a contradição.)

ZEDONG, M. *Obras escolhidas*. São Paulo: Alfa-Ômega, 1984. (v.II: Políticas, medidas e perspectivas na resistência à invasão japonesa; Problemas estratégicos da guerra de guerrilhas contra o Japão; A Revolução Chinesa e o Partido Comunista da China; Sobre a Nova Democracia.)

\_\_\_\_\_. *Obras escolhidas*. São Paulo: Alfa-Ômega, 1984. (v.III: Reformemos nosso estudo; Retifiquemos o estilo de trabalho do partido; Sobre o governo de coalizão.)

\_\_\_\_\_. *Obras escolhidas*. São Paulo: Alfa-Ômega, 1984. (v.IV: Sobre as três regras de disciplina e os oito pontos de atenção; Corrijamos os erros de "esquerda" na propaganda da reforma agrária; Sobre a questão da burguesia nacional e dos latifundiários ilustrados.)

ZEMIN, J. *On the "Three Represents"*. Beijing: Foreign Language Press, 2001.

ZI, S. *The Strategic Advantage*. Beijing: New World Press, 1997.

## Filmes (vídeos)

- *O império do meio*. Direção: Walter Salles. Brasil, 1986.
- *O último imperador*. Direção: Bernardo Bertolucci. Itália, 1988.
- *Amor e sedução*. Direção: Zhang Yimou. China, 1990.
- *A vida sobre um fio*. Direção: Chen Kaige. China, 1991.
- *Lanternas vermelhas*. Direção: Zhang Yimou. China, 1991.
- *Operação Shanghai*. Direção: Zhang Yimou. China, 1993.
- *Tempo de viver*. Direção: Zhang Yimou. China, 1993.
- *Adeus minha concubina*. Direção: Chen Kaige. China, 1993.
- *O banquete de casamento*. Direção: Ang Lee. Taiwan, 1993.
- *Comer, beber, viver*. Direção: Ang Lee. Taiwan, 1994.
- *O rio*. Direção: Tsai Ming-liang. Taiwan, 1996.
- *Nenhum a menos*. Direção: Zhang Yimou. China, 1999.
- *Banhos*. Direção: Zhang Yang. China, 1999.
- *O caminho para casa*. Direção: Zhang Yimou. China, 2000.

Coleção Revoluções do Século XX
Direção de Emília Viotti da Costa

*A Revolução Alemã* – Isabel Loureiro
*A Revolução Boliviana* – Everaldo de Oliveira Andrade
*A Revolução Chinesa* – Wladimir Pomar
*A Revolução Cubana* – Luís Fernando Ayerbe
*A Revolução Guatemalteca* – Greg Grandin
*A Revolução Iraniana* – Osvaldo Coggiola
*As Revoluções Russas e o Socialismo Soviético* – Daniel Aarão Reis Filho (Org.)
*A Revolução Nicaraguense* – Matilde Zimmermann
*A Revolução Salvadorenha* – Tommie Sue-Montgomery e Christine Wide
*A Revolução Vietnamita* – Paulo Fagundes Visentini
*A Revolução Venezuelana* – Gilberto Maringoni

## SOBRE O LIVRO

*Formato*: 10,5 x 19 cm
*Mancha*: 18,8 x 42,5 paicas
*Tipologia*: Minion 10,5/12,9
*Papel*: Off-white 80 g/m$^2$ (miolo)
Cartão Supremo 250 g/m$^2$ (capa)
*1ª edição*: 2004
*10ª reimpressão*: 2024


## EQUIPE DE REALIZAÇÃO

*Coordenação Geral*
Sidnei Simonelli

*Produção Gráfica*
Anderson Nobara

*Edição de Texto*
Nelson Luís Barbosa (Assistente Editorial)
Carlos Villarruel (Preparação de Original)
Fábio Gonçalves e
Carlos Villarruel (Revisão)
Cristiane de Paula Finetti Souza (Atualização Ortográfica)

*Editoração Eletrônica*
Casa de Ideias (Diagramação)

*Projeto Visual*
Ettore Bottini

*Ilustração de Capa*
© Hulton-Deutsch Collection/CORBIS